Jetzt Berlin

Hans Scherer

Jetzt Berlin

Unterwegs in der Hauptstadt

Eichborn.**Berlin**

© Eichborn Verlag GmbH & Co. KG,
Frankfurt am Main, August 1998
Umschlaggestaltung und Fotografie (Camera obscura): Petra Wagner
Lektorat: Matthias Bischoff
Satz: Fuldaer Verlagsanstalt GmbH, Fulda
Druck und Bindung: Wiener Verlag, Himberg
ISBN 3-8218-0544-7

Verlagsverzeichnis schickt gern:
Eichborn Verlag, Kaiserstraße 66,
60329 Frankfurt am Main
http://www.eichborn.de

Jetzt Berlin

Paris hätte mir jeder zugetraut. Berlin hielten die meisten, die mich kennen, zuerst für eine Strafversetzung. Bisher hatte ich nur äußerst kritische Geschichten und Glossen über Berlin geschrieben, so daß bei vielen, die nur flüchtig lasen, der Eindruck entstand, ich hätte etwas gegen Berlin. Die Wahrheit ist, daß ich überhaupt kein Verhältnis zu Berlin hatte. Ich war allenfalls neidisch auf die Stadt und ihre Bewohner und beobachtete, vielleicht mit ironischer Bitterkeit, das eitle Getue der sogenannten Berlin-Kenner. Den Frontstatus von Berlin, der spätestens in der Achtundsechziger Zeit eine neue Qualität bekam, verstand ich sehr wohl. Doch bei gelegentlichen Besuchen fand ich das theoretische Berlin in den realen Straßen und Mauern nicht wieder. Was ist das nur für ein Aufhebens um Berlin, fragte ich mich irritiert und zog mich auf »mein« Frankfurt am Main zurück, das damals im Wettbewerb der Städte so schlecht nicht lag. Einmal beteiligte ich mich sogar an einer Anti-Vietnamkrieg-Demonstration, wie sie damals regelmäßig jeden Sonntag in Berlin stattfanden; meistens endeten sie mit sogenannten Übergriffen der Neo-Revolutionäre gegen die Polizei. Demonstriert wurde so lange, bis die Polizei ein probates Mittel fand, die Demonstration lächerlich zu machen: Ein Polizeibeamter las die Ergebnisse der Fußball-Liga vor und andere wichtige Meldungen. Drei Wochen später gab es keine Demonstrationen mehr. Im Demonstrationszug zog Rudi Dutschke vorneweg. Das Volk der Revolutionäre, aufgepeitscht von Ordnern mit Lautsprechertüten, lief hinterher und rief: »Ho-ho-hotschi-minh! Ho-ho-hotschi-minh!« Ich zog mich sofort zurück. Das ist meine Sache nicht, dachte ich, dann hätte ich gleich nach Altötting fahren können. Bis heute hat noch niemand die Ähnlichkeit von Wallfahrtsprozessionen und Demonstrationszügen der Achtundsechziger untersucht. War das fromme, auftrumpfende Besserwissen der Neu-Revolutionäre eine spezifische Eigenschaft der vielen Pastorensöhne und -töchter unter den Achtundsechzigern? Nebenbei erfuhr ich damals auch, daß man während der Demonstration hinter den Schaukästen am Kurfürstendamm, wo man vor den Wasserwerfern sein Heil suchen mußte, auf die einfachste und schnellste Weise Bekanntschaften machen konnte. Eine Revolution von der Terrasse aus waren die Berliner Demonstrationen übrigens nicht. Denn die Gastronomen am Ku'damm schlossen bei Demonstrationen sofort ihre Tür und setzten die Demonstranten gnadenlos den Wasserwerfern aus. (Wasserwerfer deshalb, weil die Demonstrationen amtlich nicht genehmigt waren.) Unvergeßlich sind mir zum Beispiel die Mampe-Halb-und-Halb-Likörstuben. Die Bar besteht nicht mehr. Aber immer, wenn ich heute an dem Haus vorübergehe, denke ich daran, wie ich mich damals naß und verwirrt dort retten wollte, aber mit handgreiflicher Gewalt draussen gehalten wurde; das Gitter wurde vor meiner Nase zugezogen. Meine provinzielle Verwirrung ließ nach, als ich bemerkte, daß es hinter den Schaukästen eigentlich recht gemütlich zuging.

Damals war ich vierzehn Tage in Berlin und fünfzehnmal im Theater, denn einmal besuchte ich zwischendurch auch noch eine Matinee. Was habe ich damals alles in Berliner Theatern gesehen, und wie war ich begeistert. Um jede Eintrittskarte mußte man kämpfen. Den »Stellvertreter« sah ich in der Besetzung der Uraufführung im Schillertheater, die »Publikumsbeschimpfung« im Theater am Kurfürstendamm, den »Lusitanischen Popanz« von Peter Weiss im Theater am Halleschen Ufer, in der »Deutschen Oper« schließlich »Tristan und Isolde« in der alten Inszenierung von Wieland Wagner. Mein Gott, Theater, wie hat mich das damals erregt, diese selbstverständliche Einfachheit der Inszenierungen, die große Geste, die große Sprache, die Disziplin der Schauspieler. Mit Berliner Freunden diskutierte ich zwei Wochen lang über die Henry-Laurens-Ausstellung, die damals im Haus am Waldsee stattfand. Die einen nannten seine Figuren »die Frauen mit den Flossen«, andere meinten, Laurens könne keine Beine modellieren, wieder andere, zu denen ich als ewig frommer Pilger der Moderne gehörte, behaupteten stolz, es gebe keine schöneren Beine und erst recht keine schöneren Füße als die Flossen von Laurens.

Heute gibt es zwar ein paar Theater mehr – wenn man die vielen Off-Off-Theater hinzurechnet, ist es bestimmt die doppelte Menge von damals. Aber die einstige Begeisterung ist einer zähen, fast kleinbürgerlichen Pflicht gewichen. Die Theater sind leerer geworden, und jedes einzelne kämpft um sein Bestehen. Wie der glanzvolle Kulturbetrieb von Berlin vor der Wende nur eine Scheinblüte war, künstlich mit dem Kapital des Westens lebendiggehalten – man hatte sich recht komfortabel abgefunden –, so läuft der Betrieb auch heute nicht aus sich selbst, sondern aus Gründen der Repräsentation und zum Empfang der hauptstädtischen Würden, nur daß die Gelder aus dem Westen nicht mehr so reichlich fließen. Am Ende hat die lange Abgeschlossenheit doch einen provinziellen Touch bewirkt. Die oft als »gewisse Hauptstadterregung« bezeichnete Stimmung, die für viele Berliner nichts anderes als das Ende der Gemütlichkeit bedeutet, soll fruchtbar werden. Sie soll an allem Negativen schuld sein und für alles Positive herhalten. Hochhäuser gelten wie im Frankfurt der sechziger Jahre als Sündenfall, wobei man wissen muß, daß das, was die Berliner Hochhäuser nennen, in Frankfurt allenfalls hohe Häuser sind.

In Wirklichkeit besteht das, was Berlin ausmacht, eben nicht in der Philharmonie oder im Pergamon-Museum – etwas schwächer vielleicht: es besteht nicht nur in der offiziellen Vorzeigekultur –, sondern in der kosmologischen Breite, die Berlin vor allen anderen deutschen Städten auszeichnet. Die vielen winzigen Zimmer- und Kellertheater bieten wahrhaftig nicht immer großes Theater, aber sie beweisen immer noch, daß die Stadt experimentierfreudig geblieben ist. Gerade da die offizielle Kultur etwas lau hinterherhinkt, ist dieser Nachweis besonders wichtig. Die Stadt liegt immer noch im Off. Das macht ihren Reiz und ihren Charme aus. Berlin ist ein Laboratorium. Es vibriert, es knistert, es brummt in einer Art schöpferischem Urfieber: Alle warten, was daraus wohl entsteht.

Die Stadt ist so groß. Allein die Dimension war es,

die mich früher bei allen Berlin-Besuchen am meisten begeisterte. Die Stadt ist so groß, dachte ich, hier gibt es alles, hier läuft alles. Inzwischen bin ich selbst Berliner geworden, bin durch die entlegensten Stadtviertel gebummelt, habe in den merkwürdigsten Straßen nach Adressen gesucht – in diesem mit fast britischer Dickköpfigkeit verteidigten, völlig unpraktischen und selbst für alteingesessene Taxifahrer undurchschaubaren Hausnummernsystem: Einen besseren Gegenbeweis gegen die Pariser Clarté gibt es nicht – und ich weiß längst, daß auch hier nichts von selber läuft. Man muß es erst anstoßen.

Bei Lichte besehen, ist Berlin keine schöne Stadt. Hildegard Knef vergleicht Berlin in einem Lied mit einer alten Frau in einer Kittelschürze. Der Vergleich ist treffender als viele philosophischen Abhandlungen über das Phänomen Berlin. Nicht nur im Osten der Stadt gibt es Plattenbauten, auch im Westen gibt es architektonische Merkwürdigkeiten, die nur damit zu erklären sind, daß die Nachkriegszeit hier viel später endete und vielleicht, trotz aller Prachtbauten im neuen Regierungsviertel, immer noch nicht zu Ende ist. Wie sonst wären mitten in der Innenstadt Häuser mit einem Vorgärtchen zu erklären? Oder Mietshäuser aus den fünfziger Jahren, die in westdeutschen Städten längst ersetzt oder zumindest an den Stadtrand gedrückt wurden? Wenn ich über ruinenartigen Fassaden Hausinschriften aus der Vorkriegszeit entdecke und entziffere, packt mich regelmäßig eine Rührung: Das war meine Jugend- oder Kinderzeit. Hier ist das alles noch in Betrieb. Die uralten U- und S-Bahn-Bahnhöfe mit ihren gußeisernen Gittern und Emailleschildern mit altdeutscher Schrift begeistern mich, selbst die unter der Treppen gurrenden Tauben müssen schon uralt sein. Nach dem eleganten Nachkriegsglitzern westdeutscher Städte sucht man vergebens, es ist immer staubig, muffig, eingefahren, abgespielt – Geschichte wird nicht gepflegt wie anderswo, Geschichte ist einfach da, es ist die Gegenwart. Das führt dann allerdings auch zu solchen Kuriositäten wie etwa dieser, daß die Mauer zuerst abgebrochen wurde, bis man sich kurz darauf besann, daß man die Mauer ja auch hätte stehenlassen können. Der regierende Bürgermeister zog tatsächlich die ersten Meter eines roten Strichs durch die Stadt, wo früher die Mauer stand. Tatsächlich wußte schon niemand mehr, wo überall die Mauer verlaufen war. Auch der rote Strich ist inzwischen schon wieder verblasst. Es ist nicht so, daß es an Berlin nichts zu kritisieren gäbe. Das fängt bei den protzigen Fassaden der immer noch menschenleeren Friedrichstraße an und steigert sich bis zu den grauenhaften Neubauten rechts und links des Brandenburger Tores: Wie kann man es nur zulassen, daß ein solches Symbol durch so häßliche Neubauten verunstaltet wird? Aber gleich nebenan bietet Berlin dann wieder Großartigkeiten, die den Kritiker verstummen lassen. Allein die geschichtsträchtigen Namen der Straßen wie etwa Kochstraße oder Wilhelmstraße faszinieren mich.

Meine Idee von der Korrespondentenarbeit bestand ursprünglich darin, den Lesern draußen mein Berlin zu zeigen. Nach den ersten Glossen über Spaziergänge etwa oder über den Unterschied zwischen

Berliner Buletten und Münchner Fleischpflanzerln antwortete mir Hohngeschrei der sogenannten Berlin-Kenner in der Redaktion: Wie könnte ich mich nur mit solchen Trivialitäten beschäftigen. Der Theater-Redakteur machte Theater, der Film-Redakteur seine Filme, es gab Redakteure und Mitarbeiter für Architektur, Fernsehen, Musik und Kunst. Ich saß da mit meinen freischwebenden Glossen und Berichten und begann mir zu wünschen, lieber Korrespondent in Timbuktu zu sein. Dann könnte mir wenigstens kein Berlin-Kenner mehr hereinreden. Ich tröstete mich mit Joseph Roth, der sonst weniger zu meinen Vorbildern zählt. Da seine Feuilletons »unterm Strich« in der »Frankfurter Zeitung« oft »geschoben« worden waren, so weit hinaus, daß sie am Ende »gekippt« wurden, schrieb er einst einen bösen Brief an die Redaktion: »Ich bin keine Zugabe, keine Mehlspeise, ich bin das Hauptgericht.« Die Leser wollten gar nicht unbedingt das »Übliche« lesen, sondern lieber seine persönlichen Beobachtungen. Ich hielt mich daran. Es ging darum, sich einen umgrenzten Freiraum zu erkämpfen.

Ich wandere weiter durch Berlin. Ich schreibe über Mode, Essen, Bücher, über Katzen und kleinere Tiere, über Kunst in entlegenen Galerien, Chansons in rauchigen Kellerlokalen und über die Frage, ob die blauen Seidenschleifen der Mitglieder des Ordens Pour le Mérite nicht eher zu einer Big Band paßten. (Letzteres löste einen Sturm der Entrüstung aus.) Ich mache Entdeckungen in Potsdam, in Frankfurt an der Oder oder in Wandlitz. Ich schreibe über alles, was mir vor die Augen kommt – und denke oft daran, daß wir zu

Hause, zur Kriegs- und Nachkriegszeit, einen kleinen Heizofen hatten, der den Namen »Allesbrenner« trug. Besorgte Bekannte fragen mich oft: Weißt du das oder schreibst du das nur? Die Frage macht mich nervös. Denn die Wahrheit ist, daß ich alles »nur« schreibe, am liebsten mit der Zusicherung, auch alles wieder zurücknehmen zu können. Zu den entschiedenen Journalisten, die immer alles besser wissen als ihre Leser, habe ich nie gehören wollen.

Das Buch enthält ein paar Berlin-Bilder, wie ein Korrespondent sie sieht. Zu den größeren, den Rahmen darstellenden Stücken gehören jeweils kleinere Beobachtungen, Glossen, Tagebucheintragungen und Miszellen.

Messingbeschläge

Der Neue in der Stadt, der immer noch zwischen einem Gebirge von unausgepackten Kartons wie auf der Baustelle wohnt, ist im Moment süchtig nach Besichtigung fremder Wohnungen. Man kann ihn nicht locken mit neuen Büchern oder mit noch so brillant vorgetragenen Berichten über Ausstellungen oder Filme. Wohl heuchelt er zuweilen Interesse, in Wahrheit gehört seine Passion jedoch alten Türbeschlägen aus Messing, den Verschlußmöglichkeiten von Doppelfenstern und den Vorzügen von blaß- gelb, blaßgrün oder blaßblau getöntem Glas in Wohnungstüren. »Die dick aufgetragene Farbe haben Sie einfach vom Stuck abgeschlagen? Eine tolle Idee.« – »Ich habe sogar an einigen Stellen den Putz abgeschlagen, sehen Sie, daß darunter das gleichsam blutende rohe Mauerwerk sichtbar wurde.« – »Ich bin begeistert.« – »Glauben Sie denn wirklich, ein Stangenschloß würde die Wohnung sichern?« »Ich bilde es mir jedenfalls ein.« »Gerahmte Bilder mit einer Aufhängeschnur lassen sich einfacher hängen als gerahmte Bilder mit Haken.« – »Meine Bilder sind so schwer, daß sie trotzdem Haken brauchen.« – »Du lieber Himmel.« – Kennen Sie jemand, der Lampen aufhangen kann?« – Nein, aber ich kenne jemand, der Ihren Computer anschließt.« – »Einen Polen?« – »Nein, wieso einen Polen?« – »In Berlin gibt es für alles Polen.« Die Frage nach den Türbeschlägen aus Messing blieb leider unbeantwortet. Auf dem Heimweg sinnierte der Neue über Türbeschläge und ihre kunstgeschichtliche Bedeutung. Wem würde es schon auffallen, statt der teuren alten Beschläge nachgemachte neue zu nehmen? Gäste immer extra darauf hinweisen: »Sehen Sie, diese seltenen Jugendstilbeschläge habe ich an einem Sonntagmorgen auf dem Marché aux puces in Paris gekauft. Einer Dame im Nerz habe ich sie vor der Nase weggeschnappt!« Aber könnte der Neue leben mit dem Wissen, daß die Beschläge in Wahrheit billige Imitationen sind? Würde die Hochstapelei seinen Kunstsinn beleidigen? Oder sollte er als Luftikus, der er nun einmal ist, zu der geschnitzten Tür einfach schnittige moderne Beschläge nehmen? In seiner Wohnung ging er durch alle Räume auf den schmalen Wegen, die die Kartons ihm ließen. In den Kartons findet man alles, nur das nicht, was man gerade sucht. Er ging wieder zurück und noch einmal vor. Ein verwerflicher, fast perverser Gedanke beschäftigte ihn: Man könnte sich an die Kartons gewöhnen, an die provisorisch angebrachten Glühbirnen, an die Farbdosen, an die mit Gips beschmierten Leitern, an das von Müllsäcken, Obsttüten, Teetassen, Telefon, Radio und Fernseher umstellte Bett. Sind Beschläge aus Messing für den Lauf der Zeit wirklich wichtig? In dieser Nacht schlief der Neue in Berlin zum ersten Mal tief und fest.

Die Geister sind für kleine Dienste dankbar

Billig ist der Umgang mit den Seelen der Verstorbenen nicht. Der Eintritt zur Ausstellung auf den Berliner Esoterik-Tagen kostete fünfzehn Mark. Der Eintritt zu dem Vortrag von Hildegard Matheika, dem »international bekannten Kontakt-Medium und der spirituellen Meisterin aus Deutschland«, kostete zwanzig Mark zusätzlich. Später änderte Frau Matheika übrigens den Namen »Vortrag« in »Workshop mit Durchsagen von Verstorbenen«, ohne Erscheinungen allerdings. Dennoch erwies sich die Veranstaltung unter beiden Namen als ein zeitgemäßer Ersatz für die spiritistische Sitzung älterer Art, wie Thomas Mann sie etwa im »Doktor Faustus« beschrieben hat. Heutzutage wird gebucht, bezahlt und ein kurzes Gespräch mit den Toten geführt. Die prompte Abrufbarkeit der Geister irritierte den Neuling unter den Besuchern. Nach der Himmelsphilosophie von Frau Matheika, über die noch zu sprechen sein wird, sind die Geister jedoch für solch kleine Dienste, die sie den Lebenden erweisen können, sogar dankbar. So daß man sich wenigstens darüber keine Sorgen zu machen braucht. Ein Hauch von diskreter Gruseligkeit waberte durch den todnüchternen Raum, der an ein altes Klassenzimmer erinnerte. Später, endlich draußen, nach Energieströmen und Energiestößen von allen Seiten, atmete man befreit auf in der frischen Herbstluft und genoß gierig die irdischen Wonnen eines veritablen Platzregens.

Weil der begehrte Vortragsraum offensichtlich doppelt vermietet worden war, geriet ich irrtümlich zuerst in einen Vortrag über den »Keltischen Baumkalender«, gehalten von einer zur Korpulenz neigenden, stark berlinernden Dame: »Ick arbeete über die Kelten.« Wir Fehlläufer, unter anderem ein professoral aussehender alter Herr mit wehenden weißen Haaren, eine schwarzgekleidete Witwe mit kunstvoll und keck aufgestecktem Haar, doch vom vielen Weinen geröteten Augen, brachten auch den Baumkalender mit Anstand hinter uns: Was die Kelten alles schon wußten, nickten wir uns schweigend zu, mochten dann und wann auch mit dem Kopf schütteln. Die Welt ist interessant, wo und wie auch immer man sie sieht. So nahmen wir uns vor, den Kelten künftig mehr Aufmerksamkeit zu schenken.

Inzwischen wurde der Saal für die Veranstaltung von Frau Matheika vorbereitet. Ein Tisch am Kopfende wurde mit einer weißen Tischdecke zum Altar. Darauf wurde eine komplizierte Tonanlage gestellt und darauf ein gewöhnlicher CD-Spieler. In der Mitte des Tisches wurde ein grell koloriertes Foto im

Rahmen aufgestellt, das eine Art Christus-Porträt zeigte, einen mild lächelnden jungen Mann, der mit Bart und Haartracht den Darstellungen des Heilands glich, wie man sie von alten Kommunionbildchen kennt. »Der Herr«, wie Frau Matheika ihn nannte, »ohne ihn geht es nun einmal nicht«, obwohl die Bedeutung von Christus in diesem Raum letzten Endes nicht geklärt wurde. Rechts und links von dem Foto brannten Kerzen, daneben standen zwei Gipshände, in deren Schutz Kinder oder Engelchen geflohen waren. Der Altar deutete auf karibische oder brasilianische Voodoo-Riten hin. Es fehlten bloß die Zigaretten als Opfergabe, die vertrockneten Blumen und die angebissenen Früchte.

Frau Matheika marschierte stramm, offensichtlich ein wenig aufgeregt, vor dem Altar, stützte sich auf ihn und sah in die Gesichter der Besucher im Saal, wechselte wieder die Seiten, während ihr »jetziger« Mann, so nannte ihn Frau Matheika, die Eintrittskarten kontrollierte und das Tongerät aussteuerte. Wie Frau Matheika auf fast wundersame Weise zu ihrem »jetzigen« Mann gekommen war und was sich zur Heilung ihrer beiden Kinder aus erster Ehe mit einem gewalttätigen Alkoholiker zugetragen hat, wollen wir hier nicht weiter erörtern. Der »jetzige« Mann, der über seine Assistententätigkeit hinaus auch selbst im esoterischen Gewerbe tätig ist, trug eine rote Jacke, in der er einem Oberkellner in einem heruntergekommenen Tanzlokal der fünfziger Jahre glich. Seine weiße Krawatte war mit rot-schwarzen Kartenspielemblemen gemustert. Frau Matheika trug ein lachsrotes Kostüm mit ziemlich kurzem Rock. Zu ihrer schwarzen Haarfülle wirkte das Gesicht scharf geschnitten; sie blickte etwas verbittert, verkniffen, bekümmert – so schien es uns zuerst. Bevor wir wußten, was für Kämpfe mit den Seelen der Verstorbenen zu bestehen sind, was für Überzeugungskünste es braucht und was für einen Behauptungswillen. Was die erwartungsvoll gespannte Stimmung etwas komisch machte, war die Auftrittsmusik, die Frau Matheika gewählt hatte: Es war der gesummte Chor aus dem Columbusfilm von Vangelis, mit dem sonst der Boxer Henry Maske auftritt. Die Musik ergänzte gleichsam den braungelockten Jesus auf dem Altarbildchen. Effekte sind nun einmal Effekte, ob sie eine spirituelle Meisterin oder ein Boxweltmeister aussucht.

Nach einer schlichten Vorstellung, in der Frau Matheika ihre bewegte Lebensgeschichte erzählte, und einer Erläuterung des heutigen Programms fand ein Meditations- und Energietransfer zwischen Podium und Zuschauerraum statt. Die in solchen Veranstaltungen erfahrenen Zuschauer legten sofort Taschen und Papiere beiseite, schlossen die Augen und öffneten die Hände. Frau Matheika sprach mit leiser, ruhiger Stimme: »Wir sehen ein weißes Licht über uns« – Frau Matheika spielte mit den Erklärungen des weißen Lichts wie ein Musiker auf seinem Instrument. »Wir gehen mit den Füßen durch lauwarmes Wasser.« Haben wir auf diese Weise den Styx überquert? Dreimal mußten wir tief ein- und ausatmen. Dann durften wir die Augen wieder öffnen.

Angst habe sie nicht vor den Toten, erklärte Frau Matheika. Warum auch? Die Seelen seien dankbar für ihre Mittlertätigkeit, »denn die Seelen brauchen uns«, sagte sie. Man müsse die Toten loslassen. Allzu große Trauer behindere die Seelen. Frau Matheika erzählte das so plastisch, daß man sich vorstellte, die armen Seelen würden von oben und unten gleichzeitig gezogen. Von einem Frieden im Jenseits war keine Rede. Betrieb und Gewürge scheinen immer weiterzugehen.

Als nächster Programmpunkt sollten sieben Personen aus dem Zuschauerraum in den »Alpha-Zustand« versetzt werden. Warum das gut sein soll – da muß ein Teufel oder der Braungelockte auf dem Foto mich abgelenkt haben. Sieben Personen, Männer und Frauen, stellten sich im Halbkreis um den Altar. Sie mußten die Augen schließen. Frau Matheika legte ihnen die Hand auf die Stirn, hielt ihnen dann die offene Hand in Stirnhöhe entgegen. Mit einem holdseligen Lächeln auf den Lippen sanken sechs Personen nach hinten. Frau Matheikas »jetziger« Mann fing sie alle liebevoll auf und legte sie flach auf den Boden. Der siebente, ein kleiner, schnurrbärtiger Mann, blieb dagegen stehen. Keine Stirnberührung konnte ihn verleiten zu fallen. Im Saal murmelte man: »Innerer Widerstand«, es war eben ein fachkundiges Publikum. Denn so war es: »Sein innerer Widerstand ist zu stark«, sagte Frau Matheika. Beschämt und benommen ging der Mann wieder zu seinem Platz zurück. Die sechs Personen im Alpha-Zustand blieben während der nachfolgenden Durchsagen auf dem Boden liegen. Zuweilen bewegten sie sich. Dann wedelte Frau Matheikas »jetziger« Mann ihnen ein wenig vor den Augen – und schon waren sie wieder ruhiggestellt.

Jetzt wurde es also ernst. Keiner sollte die Seelen der Verstorbenen etwa nach dem Wetter am Tag ihrer Beerdigung fragen. Solchen »Blödsinn« würden die Seelen nicht beantworten. Man sollte lediglich den Vornamen des Toten sagen, sein Sterbedatum und seine Beziehung zu dem Fragesteller und dann seine ernste Frage stellen. Alles war geklärt. Im Raum war es still. »Also, ich gehe jetzt in Volltrance«, sagte Frau Matheika. Dabei darf man sich nichts Böses denken. Der Vorgang ist eine Sekundensache. Das Medium schluckt einmal auf, es sieht wie ein leichtes Würgen aus, und schon sackt es zusammen wie eine Voodoo-Mama oder ein Macumba-Mädchen, das gequält, unwillig, doch ergeben auf die Fragen antwortet.

Die Witwe, die ich schon aus dem Kelten-Vortrag kannte, stellte die erste Frage. Ihr Mann Thomas sei vor einem Monat plötzlich gestorben. Jetzt wollte sie wissen, ob er ihr noch etwas zu sagen habe. Frau Matheika sagte mit stockender, leiser Stimme, Thomas danke seiner Frau für die schöne Zeit, die er mit ihr habe verbringen dürfen, und er entschuldige sich für seine gelegentlichen Aggressionen. Frau Matheika sagte leise »ja« und hauchte einen Seufzer, was bedeutete, daß die eine Durchsage beendet war und die andere beginnen konnte. Eine weinende Mutter fragte nach ihrem Sohn, sie könne ihn vor lauter Trauer nicht loslassen. Frau Matheikas Lieblingsthema. Die Mutter solle nicht zu sehr um ihren Sohn trauern. Die Seele einer Großmutter dankte durch Frau Matheikas Mund ihrer Enkelin für die Krankenpflege; die Enkelin habe sich selbstlos um sie gekümmert im Gegensatz zu anderen, die mit ihrem Getue etwas erreichen wollten. Man hatte das Gefühl, Frau Matheika suchte die Antworten so aus, daß sie den Fragestellern besonders gefielen. Ein Mädchen irritierte sie, weil der tote Bruder gesagt habe, erst vor vier Wochen habe er die Fragestellerin vor einem Verkehrsunfall bewahrt. Nur Frauen stellten Fragen. Mit einem Aufstoßen erwachte das Medium aus seiner Volltrance. Die sechs Personen im Alpha-Zustand waren inzwischen alle von selbst wieder wach geworden. Alle berichteten, wie wunderbar das Hinsinken gewesen sei, und sie hätten alles gehört, was im Raum gesprochen worden sei.

Frau Matheika erklärte kurz das gesamte Angebot ihres Esoterik-Unternehmens: Handlesen, Partnerschaftszusammenführung per Telepathie, Kartenlegen auch telefonisch, Firmenberatung, Reiki-Seminare, was immer das sei, Naturheilverfahren, Reinkarnation, Meditation und vieles mehr. Als Geschenk an die Versammlung fand zum Schluß eine Energie-Übertragung statt. Es war wie der Segen in einer katholischen Messe, »ite missa est«. Die Besucher mußten wieder die Augen schließen. Frau Matheika und ihr »jetziger« Mann gingen mit offenen Händen, also gleichsam segnend durch die Reihen, während im Hintergrund aus dem Tonapparat ein frommes Lied erklang. Mich traf ein böser Hexenblick aus ihren scharfen Vogelaugen, weil ich meine Augen nicht geschlossen hatte. Die Energie könne man auch später aktivieren, indem man die rechte Hand offen nach oben strecke und die linke aufs Sonnengeflecht lege. Wie ein urbi et orbi erteilter Segen.

Die Versammlung erhob sich zufrieden und strebte zum Ausgang. Das spirituelle Zubehör wie das Foto des Braungelockten, die Kerzen und die Hand-Skulpturen wurden in einem Wäschekorb aus grünem Plastik eingesammelt.

Kopfkabinett

Um eine Stadt kennenzulernen, muß man sie sich erwandern. Man muß in der Stadt seine Sorgen und Probleme herumtragen, sagt Sartre, und horchen, wie sie darauf antwortet. Man darf eine Stadt nicht nur in Feiertagsstimmung erleben, München etwa bei strahlender Sonne oder Nürnberg zu Zeiten des Christkindlmarktes. Eine Stadt beweist sich erst im Alltag. Es ist die Selbstverständlichkeit, mit der das Leben in allen Erscheinungsformen angenommen wird. Berlin ist dafür ein Beispiel. »Es ist keine gewachsene Stadt, sondern die Behauptung einer Stadt,« sagt der Historiker. Wenn es regnet und der einsame Fußgänger über Pfützen springen muß; wenn kalter Wind durch die schmalen Häuserschluchten »Unter den Linden« heult, erscheint die Stadt eher als eine ordinäre Zumutung, die man paradoxerweise genießt. Etwas Trübsinnigeres als der provisorische Eingang zur Alten Nationalgalerie läßt sich kaum vorstellen. Man geht durch einen Bretterverschlag, durch ein kellerartiges Gelaß und betritt die zugige Eingangshalle, die auch nicht eben repräsentabel ist. Viel Gedränge vor dem Eingang der Ausstellung »Von Monet bis Van Gogh«. »Viel Geld dafür, zwölf Mark«, sagt eine Ehefrau an der Garderobe. Der Ehemann sagt: »Hm.« »Wenn man bedenkt, daß das früher gratis war«, sagt die Frau. Der Herr, der vor ihr steht – man sieht komischerweise auch von hinten, wie ihm der Kamm schwillt –, kann es nicht lassen, ihr zu antworten: »Und wenn man bedenkt, daß Sie damit eine himmelschreiende Pleite erlebt haben.« »Sei bitte ruhig«, sagt der Ehemann und stellt den provisorischen Sonntagsfrieden wieder her. Die ständige Sammlung der Nationalgalerie ist nur schwach besucht. Oben im dritten Stock sind Bilder und Skulpturen der Goethe-Zeit zu sehen, unten im ersten Stock vorwiegend deutsche und französische Impressionisten. Eine Kostbarkeit ist die »Frau am Fenster« von Caspar David Friedrich oder im Treppenhaus das imponierende Bild »Das Gastmahl« von Anselm Feuerbach. Das verblüffendste Kabinett der Sammlung befindet sich jedoch oben und heißt »Menschen um 1800«. Es ist eine Sammlung von Porträt-Büsten. Sie stehen auf zwei Ebenen und in drei Reihen. Die Sammlung beginnt unten rechts mit Goethe, wie es sich gehört, und endet oben links mit der Prinzessin Friederike von Preußen. Man erschrickt, wenn man das Kabinett betritt. Ein sanfter Modergeruch wabert durch den Raum. Die kunstvollen Porträts in Stein und Ton scheinen den Tod der Dargestellten nur zu bestätigen. Haben sich die Gesichter der Menschen von heute verändert gegenüber denen der »Menschen um 1800«? Das Erschreckende an dem Kabinett besteht gerade darin, daß sich die Gesichter nicht verändert haben. Unten in der großen Ausstellung findet man sowohl unter den Besuchern als auch auf den Bildern alle Gesichter wieder, die Lustige, Leichtsinnige, die Brave und Langweilige, den Ernsten, den Dummen, den Spötter und den Zynischen, die Guten und die Bösen, wie sie in Filmen gezeichnet werden. Im Katalog der Nationalgalerie ist das Figuren-Kabinett übrigens nicht näher beschrieben, obwohl die Zusammenstellung ein kleines Meisterwerk der Ausstellungskunst ist. Draußen regnete es immer noch, und der Wind war noch kälter geworden. Man sprang über Pfützen, schlug den Mantelkragen hoch, fluchte über rücksichtslose Autofahrer und fand das Leben alles in allem recht schön.

Aus dem Tagebuch I

Der Hundertsiebenundachtziger fährt von der Turmstraße nach Marienfelde. An der Rubensstraße stieg ein vielleicht fünfzehn-, sechzehnjähriges Mädchen zu. Sie trug über Jeans eine flauschige, grellrote Jacke mit einem dicken, gestrickten schwarzen Schal; auf dem Kopf zu kurzen Zöpfchen eine bunte Mütze, was sehr lustig aussah. Sie setzte sich im hinteren Teil des Busses auf den einzigen freien Platz. Der Nachbar, ein älterer Herr, der etwas mißgelaunt, aber angestrengt aus dem Fenster sah, beachtete sie gar nicht. Vielleicht dachte er: Warum war der Busfahrer so unfreundlich zu mir? Was habe ich ihm getan? Der Betrieb auf dieser Busstrecke wird immer wühliger. Diese Schüler, mein Gott, all diese Schüler, die nach Hause oder Gott weiß wohin fahren.

Man durchfährt alle Himmel und Höllen von Berlin. Es waren Stadtteile, deren Bauten den Passagier im Bus an seine Kinderzeit erinnerten. Gepflegte Wohnsiedlungen aus den zwanziger Jahren, aber auch verschnörkelte Aufschriften auf Ruinen: »Kolonialwaren« oder Reklamen für Marken, die es gar nicht mehr gibt: »Mampe Halb und Halb«. Das Wetter war diesig, naßkalt, ungemütlich. Ungefähr in Höhe des Innsbrucker Platzes hörte der Buspassagier ein Aufstöhnen neben sich. Er sah diskret zur Seite und bemerkte, daß seine junge Nachbarin weinte. Sie weinte, sie schluchzte. Es war fast, als würde sie still alles Leid der Welt herausschreien. Dicke Tränen liefen ihr über die Wangen. Die kurzen Zöpfchen standen himmelwärts und wiesen in ihrer unangemessenen Lustigkeit auf all das Elend des Mädchens. Es müssen Leid und Elend aller jungen Mädchen gewesen sein. Der Nachbar im Bus, den junge Mädchen, sowohl ihre Lust wie auch ihr Schmerz, immer schon nervös gemacht hatten, begann sich zu fragen, was er tun, wie er überhaupt reagieren sollte. Er könnte vielleicht alle Lebenserfahrung zusammenfassen und sagen: »So viele Tränen ist keiner wert.« Er verwarf den Gedanken, weil er ihn zu sehr an Schulterklopfen, »Kopf hoch!«, erinnerte. Sollte er ihr wortlos ein Papiertaschentuch geben? Sollte er väterlich fragen: »Was ist denn nur los?« Er überlegte, was wirklich los sein könnte. Ob jemand gestorben war in der Familie? Ob sie den Freund mit einer anderen erwischt hatte? Er tat nichts, nahm das Studium der Außenwelt wieder auf, wenn auch stets in Gedanken an seine weinende Nachbarin. Er bewunderte wieder einmal den Gasometer in seiner gußeisernen Perfektion und Schönheit und sandte ab und zu einen Blick hilflosen Mitleids an seine schöne junge Nachbarin, die immer noch schluchzte. So viele Tränen hat sonst keiner. An der Urania mußte er aussteigen. Von draußen sah er in den Bus. Das Mädchen beobachtete ihn von innen. Zum ersten Mal trafen sich ihre Augen. Zum ersten Mal nahm sie ihn überhaupt zur Kenntnis. Er stellte sich vor, sie würde denken: »So ganz und gar unsympathisch war der doch nicht.« Es schien ihm plötzlich, als sei der Tag heller geworden. Er selbst begab sich in den Trubel auf der Tauentzienstraße.

*

Mit Berlinern kann man über alles reden, nur nicht über Berlin. Redet man mit Berlinern doch über Berlin, gibt es Krach. »Sagen Sie, welcher Bus fährt in die Innenstadt?« Der Berliner guckt und schweigt. »Ich meine stadteinwärts. In die Stadt.« »In welche Stadt? Wollen Sie nach Friedenau, nach Schöneberg, nach Steglitz oder nach Wilmersdorf?« Dem Fremden fällt im Moment der Name Charlottenburg nicht ein. »Ich meine den Ku'damm, den Bahnhof Zoo oder die Gedächtniskirche.« Mit unnachahmlicher Berliner Wichtigkeit erklärt der Berliner: »Berlin besteht nämlich, das müssen Sie wissen, aus dem Zusammenschluß vieler Städte.« Da der Fremde diese Wichtigtuerei nicht gut verträgt, entgegnet er patzig: »Es gibt keine Stadt auf der Welt, lieber Mann, die nicht aus dem Zusammenschluß von einstmals selbständigen Orten besteht. Das gilt von Paris ebenso wie von London oder New York oder São Paulo, aber auch von Frankfurt oder München und sogar von Pforzheim im Schwarzwald. Daß in Berlin die Begriffe Stadt oder Innenstadt weitgehend unbekannt sind, beweist gerade das Chaotische dieser Stadt. In Berlin wurde erst viel später als in anderen Städten mit der Eingemeindung begonnen, dann kam auch noch die lange Trennung durch die Mauer, daher fehlt ein eigentliches Zentrum.« Der Berliner zieht sich beleidigt auf die hinterste Sitzreihe des endlich angekommenen Busses zurück. Er sagt kein Wort mehr.

Schon am Abend wiederholt sich das Spiel. Bei einer Einladung sagt eine sympathische alte Dame beim Kaffee: »Was hat diese Stadt gelitten.« »Ach ja,« bemerkt vorlaut der Fremde, weil er ahnt, was auf ihn zukommt, und um den Streit zu schüren, sagt er: »Immer wenn es darum ging, für Ferienplätze für die armen Berliner Kinder zu sammeln, mußte ich daran denken, daß Trümmer und Ruinen die schönsten Abenteuerspielplätze überhaupt sind.« »Ich finde es sehr zynisch, was Sie sagen. Außerdem können Sie das in Trümmern gelegte Berlin nicht mit den Nachkriegsstädten in Westdeutschland vergleichen.« »Für den Zynismus entschuldige ich mich. Aber warum darf ich die Trümmer von Köln, Frankfurt oder Nürnberg nicht mit denen von Berlin vergleichen?« »Denken Sie nur daran, daß der Begriff der Berliner Trümmerfrau, der damals aufkam, um die Welt gegangen ist.« »Völlig zu Unrecht«, sagt der Fremde, »als hätte es die Trümmerfrauen nicht in jeder deutschen Stadt gegeben. Überall trugen sie das obligate Kopftuch, und überall schleppten sie zentnerschwere Steine von den Trümmerbergen in die kleinen Kippwägelchen, deren Geleise quer durch die ganze Stadt führten.« Der weniger sympathische Ehemann der alten Dame hat sich zu der Runde gestellt und will seiner Frau assistieren: »Auch von dem Mauerfall haben wir doch den höchsten Schaden. Was für Steuervorteile haben wir verloren. Was für Möglichkeiten im Immobiliengeschäft.« »Aber wollten Sie nicht unbedingt die Hauptstadt werden? Und haben Sie jemals daran gedacht, daß die Steuervorteile und die blendenden Möglichkeiten im Immobiliengeschäft von den Westdeutschen bezahlt werden mußten?«

Der Fremde wartete die Antwort nicht ab. Er war so wütend geworden, daß er ging. Das Gespräch setzte sich in der Eckkneipe neben seinem Haus auf etwas niedrigerem Niveau fort. Der Fremde: »Mir ist aufgefallen, daß es in Berlin relativ wenige Fleischereien gibt.« Da scholl es ihm mehrstimmig entgegen: »Wer sagt so etwas. Was für ein Unsinn. Aus welchem Dorf kommt der denn?« Er konnte seine Fleischerei-Beobachtung nicht belegen, er ging, traurig, heute hab' ich Berlin verloren, dachte er. Am nächsten Tag unterhielt er sich mit Fleischerei-Experten: Es stimmt. Im ganzen Stadtgebiet von Berlin mit seinen 3,5 Millionen Einwohnern gibt es noch 160 selbständige Fleischereien. »Das hängt vor allem mit den Billigangeboten im Umland zusammen«, erklärte man ihm. Im Stadtgebiet von Frankfurt mit seinen knapp 700 000 Einwohnern gibt es 150 selbständige Fleischereien ohne die Filialbetriebe in Supermärkten, daß man schon sagen darf, in Berlin gebe es relativ wenige Fleischereien.

An dem Tag glänzte der Fremde überhaupt. Denn neben den Berliner Wichtigtuern gibt es auch die Gattung der Berliner Miesmacher, die dem Fremden immer wieder erklären: »Das hätten Sie vor dem Mauerfall erleben müssen.« Oder: »Schrecklich, dieses Ostberlin, alles so peinlich provinziell.« Der Fremde: »Was heißt hier vor dem Mauerfall? Ich bin jetzt hier und finde es großartig. Die Mauer interessiert mich überhaupt nicht. Und was die angebliche Provinzialität angeht, ich fürchte, Sie mißverstehen da etwas. Nicht die Off-Off-Kultur, die Sie in jedem Ostberliner Kellerloch erleben können, ist provinziell. Provinziell ist die sture Engstirnigkeit, zumindest in Deutschland gebe es nichts mehr außer Berlin. Provinziell allenfalls ist die offizielle Kultur in den hoch subventionierten Palästen. Gehen Sie nur einmal hin, in die Kellercafés in Ostberlin, und sprechen Sie mit den Besuchern. Das ist eine Aufbruchstimmung wie nach 1945 in Westdeutschland. In Paris etwa, wo es nahezu ausschließlich Offizielles und klassisch Modernes gibt, würde man Berlin um seine Kellerkultur beneiden. Natürlich ist das nicht alles große Kunst, was sich hier tut, aber es ist lebendige Kunst, die beweist, daß es sie immer noch gibt.« »Ach ja«, sagte staunend der Berliner.

Für Glühbirnen

Jetzt ist die Situation da. Der Anstreicher in meiner neuen Berliner Wohnung, der sich als Künstler seines

Faches versteht, mag keine rohen Glühbirnen, sondern findet immer neue Strahler. Er streift durch alle Hinterhöfe und bringt jeden Tag neue Lampen. Dem Konflikt ist kaum noch auszuweichen. Es war schon schwer genug, ihn von einer »farblichen Gestaltung« der Wände abzubringen. »Ich mag nichts Gestaltetes. Wenn es hier etwas zu gestalten gibt, gestalte ich selbst.« Harte Worte. »Aber ich bin kein polnischer Schwarzarbeiter. Ich nenne mich Wohnungsgestalter.« »Das klingt in meinen Ohren nach Herrenausstatter oder nach esoterischem Firlefanz. Ich will nichts als weiße Wände, punktum.« Zwar streicht er nun alles weiß, aber unter der Oberfläche schwelt der Streit weiter. Jetzt geht es also um die Glühbirnen, die in der Achtundsechziger Zeit gern mit dem Beiwort »konspirativ« versehen wurden, weil in jeder konspirativen Wohnung nackte Glühbirnen hingen. Genaugenommen, darüber sollten sich gebildete Menschen allerdings einig sein, ist jede Art von Lampenschirm ein Zuviel. Da hatte man die wunderbare Erfindung des elektrischen Lichts, diesen schönen glühenden Lichtfaden in einem edel geformten Glasballon, eine Erfindung des Menschen, die in ihrer Bedeutung der des Rades gleichkommt – man muß sich die Welt nur ohne den glühenden Lichtfaden vorstellen –, aber schon kommen die Menschen und putzen die große Erfindung kindlich und kindisch heraus. Hier seitlich das Licht einengende Strahler, dort Lampenschirmchen in Glocken-, Tulpen- und Zylinderform. Immer nur, um das Licht merkwürdigerweise zu verdunkeln. Wir brauchen überhaupt keine aufwendigen, das heißt teuren Spar-Glühbirnen. Wir müßten nur alle Lampenschirme auf den Müll werfen. Dann hätten wir mit schwachen Glühbirnen das gleiche Licht. Auf keinen Fall will sich der Wohnherr von seinem Berliner »Wohnungsgestalter« sagen lassen, was er zu tun hat, denkt er und redet sich in Wut. Obwohl er nebenan, nur ein paar Schritte von der Bismarckstraße entfernt, einen Antiquitätenladen fand, der nun wirklich hübsche alte Lampen hat. Also gut, die eine noch, in den anderen Zimmern aber nur nackte Glühbirnen. Der Anstreicher spricht jetzt auch wieder mit ihm.

Im Frikadellen-Himmel

An die Berliner Buletten kann man sich gewöhnen. Es gibt sie in jeder Eckkneipe, und sie sind von ordinärem Wohlgeschmack. Wer sich darunter nichts vorstellen kann, muß nur dem Wort nachschmecken oder sich klarmachen, daß eine ähnliche Speise, Frikadellen eben, in München unter dem kindlich verklärenden Namen »Fleischpflanzerl« bekannt sind. Sowohl bei den Buletten als auch bei den Fleischpflanzerl ist es verboten zu fragen, woraus, auf Ehre und Gewissen, sie gemacht werden. Fleisch und aufgeweichte Brötchen, hie Schrippen, da Semmel, bilden, wie der Gastwirtssohn weiß, die Grundmasse. Aber es kommt auf das Würzen und das Braten an, ob mit Petersilie oder ohne, ob mit einem Spritzer Tabasko oder ohne, ob in der Fritture gebacken, die schlechteren, oder in der Pfanne gebraten, die besseren. Unter welchem Namen die Frikadellen auftreten mögen – von der russischen Bitocke bis zum deutschen Beefsteak à la Meier, das heißt, mit Spiegeleiern – immer vermitteln sie etwas Heimisches, Heimatliches, daß einem bei andächtigem Verzehr warm ums Herz wird.

Der Schweizer Maler und Gastrosoph Daniel Spoerri behauptet in seinem »Gastronomischen Tagebuch«, es gebe keine Speise auf der Welt, die mehr Namen beanspruche als die »frikadella vulgaris«. Die griechische Küche zum Beispiel, sieht man von den türkischen Zugaben ab, besteht nahezu ausschließlich aus Frikadellen-Variationen, »keftédes«, Frikadellen gekocht, gebraten, in Weinlaub verpackt, in Wein eingelegt, mit Mandeln und so weiter. Die Griechen füllen damit spielend große Speisekarten. Spoerri hat bei seiner Frikadellen-Forschung auch herausgefunden, daß es bei einigen Stämmen in Papua-Neuguinea heute noch üblich ist, daß das Frikadellenfleisch, bevor es gebraten wird, von den Frauen vorgekaut wird. Das Fleisch gilt in der vorgekauten Form auch als Babynahrung, womit wir wieder bei der Heimatlichkeit des Frikadellen-Himmels wären. Ganz anders verhält es sich mit der angeblich anderen Berliner Imbiß-Spezialität, der Currywurst, die vorwiegend von sogenannten Prominenten, denen sonst nichts zu Berlin einfällt, als Inbegriff Berliner Volkstümlichkeit hervorgehoben wird. »Nein, nachts am Stand diese Currywurst, so aus der Hand – das Berliner Publikum ist wunderbar!« Wer so redet, hat weder von Berlin noch von Currywurst Ahnung. Denn die Berliner Currywurst unterscheidet sich in nichts von der Hamburger, Frankfurter, Nürnberger oder Paderborner Currywurst. Hier wird sie ebenso lieblos durch die Currywurst-Maschine gedreht wie anderswo auch. Fast scheint es, als gebe es die Currywurst hier sogar seltener als anderswo. Die Currywurst, ein reines Produkt der Nachkriegszeit, war ursprünglich als kulinarische Fortsetzung der Bratwurst gedacht. Aber ach, die industrielle Rationalisierung hat sich ihrer bemächtigt, daß die Wurst zu einem Maschinenprodukt verkommen ist – bei ihrer Zubereitung am Imbißbüdchen erinnert man sich der Schlachthöfe von Chicago – und träumt selig von einer unverdorbenen dicken Bratwurst aus Thüringen. Man braucht jedoch nicht über den Zustand der Currywurst zu lamentieren. Selbst wenn sie früher einmal eine Berliner Spezialität gewesen sein sollte, an ihre Stelle ist längst, hier und anderswo, der türkische Döner Kebap getreten. Wenn die Türken nur nicht diese fatale Vorliebe für Knoblauch hätten.

Die Mildtätigkeit zu Zeiten der Festtage

Der Anblick der Plastiktütenlady, die ihren Stammplatz schräg vor dem Café Kranzler hat, hatte ihn aus der Fassung gebracht. Es nieselte, und ein kalter Wind zog über den Ku'damm. Er war stehengeblieben, er starrte auf das große Bild, er konnte nicht weitergehen. Die Lady thronte in gelassener Unbeweglichkeit auf einem Gartenstuhl unter dem Dach einer Omnibushaltestelle. Um sie herum war in blauen Mülltüten ihr Besitz gelagert. Sie selbst trug Mäntel in vielen Schichten übereinander, so daß ihre Figur ein starkes Rechteck bildete, eine Figur wie aus dem Steinblock geschlagen. Trotz der vielen Mäntel erinnerte das Bild an die herausfordernde Nacktheit der Frauen aus Picassos klassischer Periode. Der Mantel der letzten Schicht war mit einer Kapuze versehen, die bis an die Augen reichte. Schlief sie oder wachte sie? Die Zeit, die Welt, das Leben zogen unberührt an ihr vorüber.

Er erinnerte sich, daß ihn vor vielen Jahren schon einmal eine Frau unter betrunkenen Clochards gerührt hatte, daß das Bild ihn lange verfolgt hatte. Das war in Marseille. Er war noch so jung, daß er nicht viel wußte von der Welt. Die Bettler hockten in einer Ecke der Cannebiere und sangen und tranken. Die Frau reckte die Flasche hoch und sang am lautesten. Sie hatte rotunterlaufene Augen und Geschwüre im Gesicht. Erschienen ihm die Männer schon als Programm-Nummer eines Gruselkabinetts, als Menetekel der Häßlichkeit in aller mediterranen Pracht, so kam ihm die Frau in dieser Umgebung als ganz und gar ungehörig vor, als Zeichen einer stets lauernden Gefahr des Niedergangs, als Beweis dafür, daß in der Schönheit stets auch der Schrecken lauert. Damals kamen ihm ausgerechnet »Die Wahlverwandtschaften« von Goethe in den Sinn, wo an einer Stelle in aufreizender Unbefangenheit über das Betteln philosophiert wird. Es wird empfohlen, die Bettler gleichsam pauschal zu bezahlen, damit sie den Anblick der braven Bürger nicht beleidigen. Nicht einmal Goethe war auf den Gedanken gekommen, daß ordentliche Bettler auch Steuer bezahlen müßten, wie es jetzt ein F.D.P.-Politiker in Hamburg angeregt hat. Die Ideen des Buchhändlers vom Jungfernstieg, der kürzlich in der Sendung »Talk im Turm« auftrat und über die geschäftsschädigende Wirkung von Bettlern klagte, sind indes den Gedanken Goethes nicht ganz fremd, obwohl es nach den Reden des Buchhändlers schwerfällt zu glauben, dieser habe jemals die »Wahlverwandtschaften« gelesen. Die Bettler als permanentes schlechtes Gewissen wollte er jedenfalls aus dem Umkreis seines Geschäftes verbannt wissen. Denn was macht das für einen schlechten Eindruck, wenn feine Damen und Herren bei ihm vielleicht den »ganzen Goethe« in einer ledergebundenen Ausgabe kaufen wollen und draußen dann von einem abgerissenen Herumstreicher um ein Märkchen angegangen werden. Der Sozialreferent von München, ein jovialer und gutmütiger Mann, machte in der gleichen Sendung auf das Geheimnis der Bettler und Obdachlosen aufmerksam: München – und die meisten großen Städte – bietet für alle Herumstreicher Schlafmöglichkeiten an, die jedoch keineswegs voll genutzt werden. Viele ziehen es vor, bei Wind und Wetter draußen ihr Lager aufzuschlagen. Die oben beschriebene Plastiktütenlady gibt ihren Thron auf dem Gartenstühlchen nicht auf. Wenn sie sich wohl oder übel ein paarmal am Tag fortbewegen muß, läßt sie alle Plastiktüten an der Bushaltestelle stehen, den zusammengeklappten Gartenstuhl schleift sie jedoch hinter sich her; er ist ihr kostbarster Besitz.

Es gibt viele ungelöste Fragen um das Bettlerwesen, und seine äußere Existenz ist ebenso heikel und ungeschützt wie die innere. Der Buchhändler vom

Jungfernstieg und alle, die so denken wie er, hacken mit Wonne auf die Obdachlosen ein:

Warum nennen sie sich Aussteiger, wenn sie in Wahrheit nur einsteigen wollen? Warum beklagen sie sich über ihr Leben und ihre Lebensumstände, obwohl sie diese weitgehend selbst gewählt haben? Sie widersetzen sich mit Trotz den Vorstellungen der Gesellschaft und verkörpern auf ihre paradoxe Weise ein Element von Freiheit, angreifbar jedoch von allen Seiten.

Wie könnte man die stolzen Bettelmönche von Bangkok vergessen, die, unwillig fast, die Gaben der Hausfrauen annehmen, während die Frauen sich für die Annahme mit Verbeugungen und Händeküssen bedanken? Oder wie soll man die wilden Bettler von Kalkutta einordnen, die den aus ihrer Sicht reichen Besucher fast gleichzeitig segnen und verfluchen? Am Abend zeigt das staatliche Fernsehen regelmäßig einen Werbefilm, man solle den Bettlern nichts geben, denn damit fördere man nur die Bettelei, womit das Fernsehen, unbewußt wohl, Goethes Gedanken aus den »Wahlverwandtschaften« wiederholt. In Tirana in Albanien, wo ein Mitreisender Bettelkindern ein paar Münzen gab, war ich froh, als die Polizei kam, um uns von der immer größer und aggressiver werdenden Masse ausgestreckter Hände zu befreien. Als sie dann aber kam und mit dicken Holzstöcken auf die Kinder eindrosch, hätte ich am liebsten mein ganzes Geld gegeben, um die Kinder vor den Polizisten zu retten. Ich rannte weg. Ich wollte nur noch weg.

Im Café Bukowski in der Christinenstraße auf der

Grenze zwischen Berlin-Mitte und Prenzlauer Berg trifft sich jeden Montagabend die Bukowski-Gesellschaft. Um in das Café zu kommen, muß man einen veritablen Müllberg übersteigen. Bauschutt, alte Autoreifen, zerbrochene Lattenzäune – man denkt an die mythische Häßlichkeit, die Berlin letzten Endes vor der Spießigkeit bewahrt. Das Café ist mit einer zauberhaften Kitschigkeit eingerichtet. Es ist ein Literatur-Café mit Lesungen, mit Hinweisen auf Theaterereignisse in den sonderbarsten Lokalen, alles subventionsfrei. Es sind die Veranstaltungen von Kellerkindern, die sich nicht deshalb im Keller befinden, weil die Kulisse so pittoresk ist, sondern weil ihnen kein anderer Raum offensteht. Es ist der Underground, der daran arbeitet, an den Overground zu kommen. Die merkwürdige Verehrung von Bukowski in der einstigen DDR begann mit einigen, heute vergriffenen und abgegriffenen Veröffentlichungen in Anthologien und mit einigen geschenkten Büchern aus dem Westen. Man muß eine Verwandtschaft im Denken festgestellt haben mit dem eigenwilligen Faun, der immer in den Untergrund purzelte, obwohl er doch in Wahrheit nach oben wollte. Der Vorsitzende der Bukowski-Gesellschaft, der ein wenig zu dem Sektierertum neigt, das allen Dichter-Gesellschaften eigen ist, will Leben und Werk Bukowskis »erforschen«, ein Bukowski-Archiv aufbauen und ein Jahrbuch herausgeben. Er bedauert es, daß Bukowski in westlichen Medien vorwiegend als Trunkenbold und Herumstreuner geschildert werde, mehr als Kuriosität, als eine Art Abenteurer und Vertreter einer dubiosen Romantik. Dabei vergesse man jedoch, daß er ein großer Dichter gewesen sei. Den zaghaften Einwand, daß »Lesen« besser sei als »Erforschen«, und daß all die genannten Eigenschaften, die man Bukowski zuschreibe, sein Dichtertum nicht stören müßten, ließ er nicht gelten. Wir bleiben dennoch dabei, daß Bukowski gerade in seiner Gebrochenheit ganz und gar auf der Seite der Bettler und Obdachlosen steht.

Vermutlich werden kurz vor Weihnachten die Stimmen der Politiker, die die Obdachlosen kurzerhand verbieten wollen, verstummen. Die Stationen von U- und S-Bahn werden wieder als Wärmehallen eingerichtet. Die Weihnachtspäckchen werden schon gepackt, und mildtätige Vereine bereiten stimmungsvolle Weihnachtsfeiern mit Plätzchen und Glühwein vor. In manchen Zeitungen denkt man über die Armut nach, in anderen wird ein »Tagebuch der guten Taten« geführt. Ilona Christen, Bärbel Schäfer, Arabella Kiesbaucr und Jürgen Fliege denken darüber nach, was für Arme sie zu ihren Weihnachtssendungen einladen können; an ihrer Spitze schreitet Hans Meiser, der gern Obdachlose einlädt, die er vor ein paar Jahren schon einmal vorgestellt hat: Um zu sehen, was aus ihnen geworden ist.

An einem Morgen war die Plastiktütenlady verschwunden, einen ganzen Morgen lang. Am Nachmittag, als sie wieder auf ihrem Gartenstühlchen saß, faßte er sich ein Herz, ging auf sie zu und sagte: »Ich habe mir Sorgen gemacht. Wo waren Sie denn?« »Ich war einkaufen«, sagte sie. Am nächsten Abend, als er dachte, sie hätten nun schon Freundschaft geschlossen, sprach er sie wieder an. Sie öffnete träge ihre Augen und sagte ruhig: »Sie stören mich.« Er entschuldigte sich und ging mit schlechtem Gewissen. Sie hatte seine schwächste Stelle getroffen. Wollte er sie ausnutzen? Wollte er gleichsam renommieren mit ihr? Wollte auch er eine gute Tat vollbringen? Natürlich wollte er ihre Geschichte wissen. War sie abwesend und nicht von dieser Welt, so interessierten ihn ihre Verbindungen zum Leben. »Aber ich werde sie nicht stören«, dachte er bei sich, »ich werde sie nur von weitem sehen.«

*

Inzwischen ist die Original-Plastiktütenlady schon seit Monaten nicht mehr gesehen worden. Sie hat jedoch viele Nachfolgerinnen gefunden; sie hat gleichsam eine Schule gebildet: bettelnde Frauen, die mit ins Gesicht gezogenen Kapuzen durch Berlin wanken. Es besteht der unausgeräumte Verdacht, daß es sich in Wahrheit um junge Frauen handelt, die die Alte nur mit Kostüm und Gesten imitieren.

Andenken-Kultur

Die Kulturabteilungen der ausländischen Botschaften, die sich zumindest schon mit sogenannten Außenstellen in Berlin niedergelassen haben, und auch die Vertretungen der deutschen Länder sind erstaunlich aktiv: Ausstellungen, Lesungen, Konzerte, Theateraufführungen, Vorträge. Der Erfolg der Veranstaltungen beim Publikum hält sich in Grenzen.

Aber zur Abrundung des Berlin-Programms werden sie gern »genommen«. Die Aktivität läßt sich wohlwollend als Einübung in die Hauptstadt interpretieren, bösartig läßt sich das ungewöhnliche Interesse an der Kultur vielleicht auch so erklären: Die Botschaften und Vertretungen haben in Berlin sonst noch nichts zu tun. Ganz anders verhält es sich mit dem Bulgarischen Kulturinstitut an der Leipziger Straße. Dort weist man den Gedanken, mit der Botschaft in Verbindung zu stehen, fast entrüstet zurück, und auch mit dem Bulgarischen Kulturministerium habe das Institut, genaugenommen, nichts zu tun. Auf die verstörte Frage, wer denn für seine Finanzierung sorge, hört man die lange, eigenwillige und kuriose Geschichte des Instituts, die die Pfiffigkeit des kleinen Balkanlandes beweist. Einst, zu DDR-Zeiten, residierte das Kulturinstitut in einem großen Haus Unter den Linden, es war seine glanzvollste Zeit. Neben Veranstaltungen bulgarischer Künstler bot das Institut auch einen Souvenir-Shop, in dem es Keramik, Handarbeiten, Trachten, Bildbände, Wein, süßen Sekt zu kaufen gab und überhaupt alles, was auch Touristen in Bulgarien finden und fanden. Die Geschäfte liefen gut. Die Geschäfte liefen so gut, daß das Konto immer höher wuchs: Das Kulturinstitut lebt nun schon acht Jahre davon. Noch immer finanziert das Institut sich selbst, obwohl man sich inzwischen sorgt, das Geld reiche höchstens noch für zwei Jahre, dann werde das Ministerium einspringen müssen. Heute gibt es keine Souvenirs mehr zu kaufen – der Direktor bedauert das sehr –, dafür gibt es zum Beispiel Sprachkurse für sage und schreibe zwanzig Schüler; an der Humboldt-

Universität erlernen nur drei Studenten Bulgarisch. Es gibt Ausstellungen zeitgenössischer Kunst aus Bulgarien, zeitgenössischer Mode, Konzerte mit bulgarischen Solisten an den Berliner Opernhäusern, es gibt Lesungen, und im September soll eine Woche des zeitgenössischen bulgarischen Films stattfinden. Die Direktoren der anderen sechs Kulturinstitute sehen mit Neid nach Berlin. Vielleicht sollten die Goethe-Institute in aller Welt auch schon einmal überlegen, was sie verkaufen könnten.

Ein Brecht-Gedicht bleibt ein Brecht-Gedicht

Bertolt Brecht, obwohl nun ein veritabler Klassiker, ist als Festtagsdichter immer noch ungeeignet. Das Berliner Ensemble wollte zusammen mit Solisten der Komischen Oper und Meisterschülern der Hochschule für Musik »Hanns Eisler« zum neunundneunzigsten Geburtstag des Dichters, also ein Jahr vor den offiziellen Feierlichkeiten, zeigen, wie Gedichte aus der »Hauspostille« (von 1927) heute szenisch vorzutragen sind. Das Theater war zwar bis auf den letzten Platz besetzt, die Besucher waren wohl darauf eingestellt, eine herzige Vor-Geburtstagsfeier zu erleben. Aber die Idee ist gründlich schiefgegangen. Im mittleren der insgesamt drei Bilder wurde am Beispiel eines Gedichtes gar vorgeführt, daß einfache Wörter – in steter Wiederholung wie eine Film- oder eine Tonschleife – das Publikum in Zorn bis zur Raserei versetzen können.

Es ging um das Gedicht »Den liebsten Ort, den ich auf Erden hab«. Schon die Wahl dieses Gedichts für den Abend war im doppelten Sinne falsch. Erstens gehört es nicht zu den Gedichten der Hauspostille, sondern es entstammt einer späteren Phase. Zweitens wurden zwei Strophen des Gedichts unterschlagen, die heiteren nämlich, wo Brecht von dem Ort erzählt, an dem man selbst in der Hochzeitsnacht allein sein könne. Das magere Gerippe des übrigen Gedichts wurde durch Wiederholungen auf gut zwanzig Minuten, fünfundzwanzig Minuten, gar dreißig Minuten zerdehnt – bis an die Schmerzgrenze. Rechts und links der Bühne sorgte eine aufwendige Video-Anlage für ein paar clowneske Einlagen. Aber das Publikum wollte von alldem nichts mehr wissen. Das angeblich so hervorragende Berliner Publikum, das der Legende nach so helle sei, versagte völlig vor dem Stück und entsprach auf vertrackte Weise gerade damit dem Wunsch der Inszenierung. Man schrie, pfiff, johlte, man sang Brecht-Lieder aus der »Dreigroschenoper« oder gar ein Schunkellied »Am Rosenmontag« (auf die Melodie »Am Aschermittwoch«, was die Berliner etwas durcheinanderbrachten).

Eine ältere Dame in der ersten Reihe, die mit ihren um den Kopf gelegten Zöpfchen fatal an Hilde Benjamin, die einstige Justizministerin der frühen DDR, erinnerte, tat sich besonders hervor. Sie schrie: »Da wundert man sich, daß am Theateretat gespart werden soll!«, was sie allerdings nicht hinderte, einen über die Bühne rollenden Tischtennisball zu stibitzen. Wenn man genau hinsah, entdeckte man plötzlich noch viele ältere Hilde Benjamins im Zuschauerraum. Daß man mit einem simplen, bald siebzig Jahre alten Gedicht die Leute so in Rage bringen kann, das hätte Brecht sich nicht träumen lassen.

Das erste Bild entsprach noch am ehesten dem, was die Leute sich unter einem szenischen Gedichtvortrag vorgestellt hatten, obwohl auch hier schon ein Fahrrad vom Bühnenhimmel herabschwebte, langbeinige Engel mit Flügeln am Tornister Brechtgedichte nach Art der Königin der Nacht trällerten. Brecht hat das Publikum immer in die Irre geführt. Das war seine Stärke, allerdings auch seine Schwäche. Da gibt es zum Beispiel das wunderschöne Liebesgedicht »Erinnerung an die Marie A.« – oder müßte man es einen Abgesang auf die Liebe nennen? Wo von der Liebe nichts bleibt als die Erinnerung an eine im Wind sich auflösende Wolke? –, das die meisten Menschen, die es zum ersten Mal hören, zu Tränen rührt. Hört man es dagegen einmal in der berühmten Aufnahme, in der Brecht es mit seiner quiekenden Stimme selbst singt, kommen Zweifel, ob man es zuerst richtig verstanden hat. Brecht selbst macht aus dem schönen Liebesbild eine zynische Karikatur. An dem Gedichte-Abend im alten Theater am Schiffbauerdamm wurde das Gedicht gleich zweimal vorgetragen, im ersten Bild halbwegs normal gesungen, im dritten Bild von einem Countertenor – und immer wieder mußte man sich fragen: Wie soll ich es nur richtig verstehen?

Auch im dritten Bild wurde die Zerdehnung des Textes fortgesetzt. Wie die Textzeilen eines Chorals gedehnt und mehrere Male wiederholt werden, so werden hier die Gedichte behandelt. Das szenische

Drumherum und Pausen, viele Pausen, lange Pausen sollen dem Gedicht Bedeutung geben. Das scheint zur Zeit Mode zu sein. Nach der »Hölle« des zweiten Bildes störte sich niemand mehr daran. Dabei handelt es sich um einen fatalen Irrtum. Noch so viel Musik und noch mehr szenischer Schnickschnack, ein Brecht-Gedicht bleibt ein Brecht-Gedicht, das auf alles Drumherum verzichten kann.

*

Im Katalog der Ausstellung »... und mein Werk ist der Abgesang des Jahrtausends« zum hundertsten Geburtstag von Bertolt Brecht in der Akademie der Künste wird mehrfach darauf hingewiesen, daß Brecht in Briefen, Tagebüchern, Notizen und Gesprächen Hitler in der frühen Zeit des Dritten Reiches oder auch in der direkten Vor-Hitler-Zeit den »Anstreicher« nannte. Selbst Brecht redete so. Wie fast die gesamte Bevölkerung, die dieses Wort trotzig wie ein Schutzschild bis zum Ende des sogenannten Tausendjährigen Reiches vor sich hertrug, schien auch Brecht nicht darüber nachzudenken, sondern sich an der verbotenen, angeblichen Diskriminierung zu berauschen. Aus heutiger Sicht kann man es fast nicht glauben.

Fast immer verfehlen die politischen Scherze ihre Wirkung; manchmal bewirken sie gar das Gegenteil des Gewünschten, nämliche eine höhere, volkstümliche Popularität des »Geschmähten«. Im Falle Brecht-Hitler ist der Ausdruck besonders paradox. Denn was will das Wort »Anstreicher« sagen? Da hatte es einer, der sonst nichts war als Anstreicher (was ja auch noch sachlich falsch war), zum Regierungschef gebracht – mit welch unredlichen Mitteln und mit was für einer haarsträubenden Ideologie auch immer. Hätte Brecht auch nur einmal über das Wort nachgedacht, wäre ihm klar geworden, daß dieser angedichtete Werdegang »vom Anstreicher zum Kanzler« das einzig positiv Bemerkenswerte an Hitler war. So aber kicherte der feige Chor der Bildungsbürger und der vorgeblich Liberalen im geheimen: »Dieser Anstreicher«, mit ihm kann das doch nichts werden, denn er stammt nicht aus unserem Kreise.

Brecht sah nicht den dramatischen Stoff, den das Wort enthielt, sondern er plapperte es nach.

Rauchzeichen

Die Raucher sind ein fröhliches Völkchen. Man verheißt ihnen böse Gebrechen, ein nahes Ende und einen sicheren Aufenthalt in der Hölle. Man wirft sie zur Vordertür hinaus, schon schmuggeln sie sich durch die Hintertür wieder hinein und erzählen hustend und prustend, daß ihnen gerade einige Damen und Herren begegnet seien, die schon beim Anblick der Raucher von einem Husten befallen wurden. Große Mode in First-Class-Hotels sind zur Zeit die Smoking-Dinners, auch »Big Smoke« genannt, bei denen ein ausgesuchter Kreis von Gästen bei einem festlichen Dinner teure Havanna-Zigarren, alte Weine und edel gebrannte Spirituosen probiert. Ein

Hauch von Prohibition liegt über der Veranstaltung. Man trifft sich heimlich.

Weder Nachbarn noch Angestellte noch Kunden sollen von der Passion erfahren, sich solchermaßen lebensbedrohend dem Genusse hinzugeben. Das Essen mit Getränken und Zigarren kostet immerhin um die 180 Mark. Beim »Big Smoke« im Berliner Hotel Steigenberger waren es fünfundneunzig Gäste, dreißig Damen und fünfundsechzig Herren – viele Bewerber mußten zurückgewiesen werden. Schon der Eintritt erinnerte an die goldene Zeit des Rauchens in den fünfziger Jahren etwa, als sich noch keiner etwas Böses dabei dachte. Zwar wurde auch Champagner angeboten, vor allem aber leichte Zigarillos zur Einstimmung, kurze kleine dünne, lange, kurze dicke. Es wurde geraucht, was die Lungen hergaben, und zur Eröffnung eines Gesprächs unter den Lasterhaften stellte man gern fest, daß die Entlüftung hervorragend funktionierte. Nichtraucher wurden eingeteilt in Gesunde und »furchtbar Gesunde«. Das Rauchen in diesem Kreise erschien wie eine Revolution von oben. Die Verschwörung eines Ordens von Todesmutigen, die etwaige Bedenken wegwischten mit der Bemerkung, daß bewußtes Rauchen nur halb oder gar nicht so gefährlich sei wie unbewußtes Paffen.

Zwischen jedem Gang des Menüs, das mit einer Wildkraftbrühe unter der Blätterteighaube begann, wurden wieder Zigarren angeboten, diesmal erwachsene. Es begann mit der leichten »Backgammon«, steigerte sich über die »Romeo y Julieta« zur »Montecristo Especial No. 2« und wurde gekrönt mit einer

»Punch Double Corona«, die man in Deutschland noch gar nicht kaufen kann. Heinrich Villiger, der Havanna-Papst von Europa, versprach jedoch, sein möglichstes zu tun, für Deutschland eine große Zuteilung zu erhalten. Da man jede Zigarre höchstens zu einem Drittel rauchen konnte, bis der nächste Gang des Menüs serviert wurde, konnte man es bei keiner Zigarre über die Schwindelgrenze hinaustreiben. Nein, ein Tabakkollegium war die Gesellschaft nicht. Dafür kannte man sich zu wenig und war zu einseitig allein durch das Rauchen verbunden.

Keiner der Herren trug einen Smoking, obwohl er ausnahmsweise hierhin gepaßt hätte. Aber man zog sich nach dem Essen auch nicht in den Raucher-Salon zurück. Ob das Rauchen während des Essens wirklich fein war, darüber ließe sich streiten. Doch selbst dieses deutete an, daß das Rauchen offensichtlich gerade neu erfunden wird.

Hauskonzert

Berlin ist immer noch eine Hauptstadt ohne Menschen. Denn wehe dem, der am Abend zu einer Veranstaltung gehen will und nicht genau die Adresse kennt. Man trifft keinen Menschen auf den Straßen, den man nach dem Weg fragen könnte. Auch im Zentrum der Mitte, um den Gendarmenmarkt herum, um den Dom und die Museumsinsel, man irrt ratlos und einsam über Straßen und Brücken, studiert unter einer trüben Laterne noch einmal die Einladung, ein Fahrradfahrer mit Sturzhelm rast vor-

bei, weit hinten windet sich die goldene, doch heime-
lige Schlange eines S-Bahn-Zuges. Es beginnt zu reg-
nen, und ein Sturm kommt auf. Man fragt sich gerade, ob man nicht doch besser wieder nach Hause
fährt, als eine junge, hübsche, charmant lächelnde
Dame, wie aus dem Nichts erschienen, fragt: »Soll ich
Sie mitnehmen? Ich muß auch dahin.« Daß sie den
einen verwirrten Konzertbesucher für so gebrechlich
hielt, ihm ihre Hilfe anzutragen – »Ich habe ihn auf-
gelesen«, sagte sie später –, begann den Besucher erst
zu stören, als er darüber nachdachte. Zuerst war er
froh, sie endlich gefunden zu haben. Die beiden wollten ins Magnus-Haus am Kupfergraben zum Hauskonzert der Siemens-Stiftung. Ein Engel hat sie gelei-
tet. Der Abend fing jedenfalls gut an.

Die Berliner Salonkultur ist schon hundertmal tot-
gesagt worden, und hundertmal ist sie an fast un-
glaublichen Plätzen wiedererstanden. Fast sieht es so
aus, als bedürfe der erfolgreiche Salon die Überwin-
dung äußerer und innerer Schwierigkeiten. »Wo
sonst sollen sich Maler, Schriftsteller, Theaterleute,
Musiker, Wissenschaftler und Industrielle treffen,
wenn nicht in Berlin, wo sie alle irgendwie zu Hause
sind«, hieß es kürzlich auf einem der unzähligen
Hauptstadtforen. Daran ist etwas Wahres – et voilà:
Sie treffen sich, beim Frühstück, in Kneipen, vor und
nach dem Theater, immer noch gibt es den Typ des
Unbeirrbaren, der den Ruf abständiger Altmodisch-
keit nicht scheut, und Einladungen verschickt oder
ausspricht. Außerdem sind zaghafte Anfänge eines
offiziell-offiziösen Hauptstadtsalons zu registrieren,
Konzerte beim Bundespräsidenten etwa, Empfänge

und Vernissagen in den Vorposten der Länder-Vertretungen und Botschaften.

Die Hauskonzerte der Siemens-Stiftung sollen ausdrücklich einen Berliner Salon auf hohem Niveau begründen. Es ist alles fein. Die Gäste sind fein. Das Haus ist fein. Das Programm ist das Allerfeinste. Sogar das Buffet ist gut. Zur Begrüßung und in der Pause wird selbstverständlich ordinärer Champagner gereicht, aber auch Gläser mit geheimnisvollem grünen Inhalt, die eine Sorte dunkelgrün, die andere milchig grün. Frischgepreßter Avocadosaft und Kiwisaft mit Banane.

Das palaisartige Haus aus dem 18. Jahrhundert, renoviert mit Unterstützung der Ernst-von-Siemens-Stiftung – die daher Hausrecht beanspruchen darf –, ein architektonisches Juwel, gehört der Deutschen Physikalischen Gesellschaft und war von 1842 bis 1870 Sitz der ersten Deutschen Physikalischen Gesellschaft unter der Leitung von Gustav Magnus, der dem Haus seinen Namen gab. Die Siemens-Stiftung widmet sich als Mäzen vorwiegend der Neuen Musik und vergibt unter anderem seit 1973 den mit 250.000 Mark dotierten Siemens-Musikpreis, zuletzt an Helmut Lachenmann. Das Programm des Hauskonzerts hielt sich in einer kühnen Zusammenstellung ebenfalls an die Neue Musik. Das letzte Stück des Abends, »RiRo« des 1972 in Litauen geborenen Vykintas Baltakas, war ein Lied ohne Worte für Sopran und Trompete, bei dem die Sängerin das Echo der Trompete sang. Die Mikroludien für Streichquartett des Ungarn György Kurtág wurden so fein und leise gespielt, daß selbst die Klimaanlage ausgestellt werden mußte, da diese sonst die Musik übertönt hätte. Wunderschön und rätselhaft die Serenade für Sopran, Horn und Klavier von Benjamin Britten, sechs Lieder, das heißt, eigentlich sind es sieben Lieder, aber das siebte hat Britten nicht in die Serenade aufgenommen. Es ist ein Gedicht von Tennyson, das mit der Zeile beginnt: »Komm, mein Liebster, und schmiege dich an mich.«

Die Solisten des Abends sind alle eng verbunden mit der Jungen Deutschen Philharmonie, die ihren Sitz in Frankfurt am Main hat, das »Barfüßer Quartett« aus Basel und »brass of the moving image«, das Blechbläserensemble der Philharmonie. Der Cellospieler des Quartetts trug einen Diamanten in der Nase und ein Hemd aus bestickter alter Seide, sehr apart. Die Blechbläser trugen die für manierliche Orchestermusiker obligatorischen zerknautschten Fräcke samt Weste oder zu weitem Kummerbund. Nur der eine, der ein Kummerbund gebraucht hätte, der Posaunist, trug nur Bauch und keinen Kummerbund.

Feine Leute sind so unglaublich freundlich, fein und gebildet, daß sie selbst ein Quartett von Isang Yun ungerührt über sich ergehen lassen. Sind sie fein, weil sie gebildet sind? Oder sind sie gebildet, weil sie fein sind? Auf jeden Fall sind sie geübt in der Technik der interessierten Anteilnahme, die letzten Endes schwer zu durchschauen ist. Schon die Zusammenstellung der Kleidung war ein gesellschaftliches Kunstwerk. Es sollte fein sein – in diesem Kreise konnte es leicht passieren, underdressed zu erscheinen –, aber auch wieder nicht so fein, daß es nach gar keiner Arbeit aussah. Das durfte sich nur die Dame des Hauses erlauben, weil man von ihr wußte, daß sie an diesem Abend gearbeitet hatte. Man kann sagen, daß alle die Hürde der Sowohl-als-auch-Kleidung genommen haben. Die Damen bevorzugten ein bißchen Gold- und Silber-Flimmern, die Herren Dunkelblau und Steingrau. Ein älterer Herr wurde gesichtet, der den absolut letzten, echten Mao-Anzug trug, ein kostbares Stück. Künstler nutzten den Künstler-Bonus mit Samt-Jackett und offenem Hemd. Funk- und Fernsehjournalisten trugen ihr Arbeitszeug von der Marke: »Als wenn ich zum Vergnügen hergekommen wäre.«

Gegen 23 Uhr stellte sich für die ersten Gäste die Taxifrage. Es gab natürlich keine. Sie mußten aus dem Westen herdirigiert werden. »Aber es war ein zauberhafter Abend«, verabschiedete man sich von der Dame des Hauses, und man versprach, zum nächsten Hauskonzert wiederzukommen.

Aus dem Tagebuch II

Die Französische Straße führt parallel zu »Unter den Linden« am Gendarmenmarkt entlang. Sie hat eine große Geschichte, hat aber seit dem Ende der DDR keine mehr, sie wartet darauf, in der republikanischen Hauptstadt eine neue Geschichte zu bekommen. Wie viele Straßen in Berlin-Mitte ist sie feingemacht, hergerichtet, gleichsam startbereit, aber es ist noch niemand da. Meistens ist sie vorerst noch menschen- und autoleer. Gestern war in den Berliner Zeitungen zu lesen, daß ausgerechnet in der einsamen Französischen Straße zwei Frauen überfahren worden sind. Sie starben noch am Unfallort. – Das erinnert mich an Sansibar. In glühender Mittagssonne war die breite, rote Sandstraße menschenleer. Schon von weitem sahen wir einen älteren Mann auf einem uralten Fahrrad heranradeln. Offenbar befand er sich trotz Sonne auf einer Spazierfahrt, denn er ließ sich Zeit. Er bummelte. Etwa hundert Meter vor uns, zwei Fremden mit dieser empfindlichen rosa Haut, Hüten auf dem Kopf und in geckischen weißen Hemden, wurde sein Fahrstil nervös. Er wollte langsam fahren, um uns genau sehen zu können. Dabei geriet aber sein Fahrrad arg ins Schwanken. Kurz bevor er uns erreicht hatte, wechselte er entschlossen auf unsere Seite und hätte uns glatt überfahren, wenn wir nicht im letzten Moment auf die verdörrte Wiese gesprungen wären. Die mangelnde Verkehrssicherheit verbindet Berlin eindeutig mit Sansibar.

*

Mit Stolz präsentiert die Deutsche Bank das Guggenheim Museum in ihren Räumen Unter den Linden. Es ist ein schönes kleines Museum geworden mit exzellenten Wechselausstellungen, die meistens einem Klassiker der Moderne gewidmet sind. Es gibt sogar eine kleine Cafeteria und einen interessanten Bookshop - kein amerikanisches Museum ohne Shop. Aber was für ein verbrecherischer Architekt war nur für die Außenfassade verantwortlich! Die Idee, daß sich die Fassade des Museums von außen in nichts von der Fassade des übrigen Hauses, der Deutschen Bank eben, unterscheidet, ist zwar um eine Spur zu puritanisch, doch könnte man darüber diskutieren. Daß der Architekt aber die Fenster mit einer undurchsichtigen Kalkfarbe bestrichen hat, ist eine Entgleisung jeden architektonischen Empfindens. Von außen sehen die Fenster nun aus, als befinde sich dahinter eine Gemeinschaftsdusche oder eine Sauna oder etwas Ähnliches. So wäre eine grelle Neonreklame besser gewesen.

Die Kulinarisierung bekommt dem Eisbein nicht

Eine der wichtigsten gesellschaftlichen Hürden auf dem Wege zur Hauptstadt hat Berlin nun auch genommen. Endlich gibt es eine Berliner Sektion des Clubs Kochender Männer, CC-Berliner Bär. Man darf sich das nicht zu einfach vorstellen. Das ist nicht so, wie man das in der seligen Achtundsechziger Zeit kannte: »Wenn du heute das Essen bezahlst, kannst du morgen bei mir Spaghetti essen, du weißt ja, mit der Sauce.« Die Sauce war eine grauenhafte Brühe, halb Zwiebel, halb Knoblauch, mit viel Basilikum. Bei einem anderen Freund gab es zu allen Gelegenheiten Rouladen mit Blaukraut, wobei wir nicht müde wurden, darüber zu philosophieren, warum bayerisches Blaukraut im Rheinland Rotkohl heißt. Dabei kamen wir uns sehr gebildet vor. Bei wieder einem anderen Freund war schon damals alles auf Kulinarik eingestellt. Aber es gehörte zu seinen herausragenden

Charakterzügen, sein eigenes Essen verbal niederzumachen, hier habe ihm das richtige Gewürz gefehlt, da habe das Gemüsegeschäft nicht gespurt, leider sei dieser Fisch, auf den es ja nun angekommen wäre, völlig verkocht, und der Wein, ein Witz sozusagen, den richtigen habe er nicht gefunden. Er brachte es fertig, uns das Essen als eine einzige Katastrophe zu schildern, daß wir schon Angst bekamen und zusammenlegen wollten, um vielleicht doch besser zum »Italiener« zu gehen. Aber die Katastrophe war erlogen. Alles, was er servierte, war vom Allerbesten, und sein Wein war wie immer brillant. Von ihm ließen wir uns am liebsten einladen. Doch, nein, nein, nein, mit solchen kochenden Männern hat der eben gegründete CC-Berliner Bär nichts zu tun. Es handelt sich eher um das Gegenteil.

Die Männer, die hier Köche spielen – wie andere Familienväter mit der Modelleisenbahn spielen –, erinnern spontan an das Gegenstück der sogenannten grünen Witwen, wenn es nur ein Wort dafür gäbe. Um das gleich vorwegzunehmen, Frauen haben selbstverständlich keinen Zutritt. Gönnerhaft patriarchalisch sagen die Herren: »Die Damen werden einmal im Jahr, meistens vor Weihnachten, ›bekocht‹.« Immer wieder geistert das Wort »Hobby«, »Hobbykoch« durch die Männerrunde. Obwohl das so heiter, unbefangen klingt, wird es von den Männern hier in einer krausen Mischung aus Freimaurerei und verkrampfter Männerfreundschaft solchermaßen auf die Spitze getrieben, daß sich am Ende zeigt: Es sind Hobby-Männer, die nichts Vernünftiges zu tun wissen.

Das »CC« vor dem Clubnamen bedeutet: Confrérie Culinaire in der Bruderschaft Marmite e.V. Da die Bruderschaft viele ihrer Sitten und Gebräuche aus der Schweiz übernommen hat, wo es sie in Europa zuerst gab, heißt ein Club, von denen es inzwischen schon 116 in Deutschland gibt, »Chuchi« (gesprochen »Kuki«, in der Mehrzahl »Kukinen«). Da man selbst in der Bruderschaft Marmite die ausschließliche Beschäftigung mit gutem Essen vermutlich für etwas unanständig hält, weist die Bruderschaft nach Art aller neuer Männerclubs, ein Anfall von Neu-Freimaurerei, gern auf die guten Werke hin, die ihre Mitglieder außerdem vollbringen: In Nürnberg haben sie einen alten Stadtturm zu Küchen- und Gesellschaftsräumen ausgebaut; die Chuchi Kulmbach hat ein altes Gehöft mit Nebengebäuden in ein »kulinarisches Dorf« verwandelt. Auf die Frage nach den Mitgliedern erhält man hier wie bei allen neuen Männerclubs die gleiche Antwort: »aus allen Gesellschaftsschichten,« Polo- und Golfclubs antworten ebenso, obwohl die Antwort, wie jeder Lebenserfahrene weiß, einfach gelogen ist. Um in die Bruderschaft Marmite einzutreten, muß man zunächst einmal der Gesellschaftsschicht der »grünen Witwer« angehören, das heißt, man muß nur wenig zu tun haben. Dann muß man mit ziemlich hohen Kosten für die monatlichen Essen rechnen, der offizielle Mitgliederbeitrag kommt hinzu. Die unerläßlichen Eingangsriten sorgen überdies dafür, daß sich nur solche um die Mitgliedschaft bewerben, die innerlich sowieso schon dazugehören. Die wenigen neuen Berliner Mitglieder sind verdruckste, kreuzbrave, andächtige Mittvierziger, denen man vielleicht alles zugetraut hätte, nur keine Lust am Essen, Lust überhaupt nicht.

Die Gründung einer neuen Chuchi, wie wir sie jetzt in Berlin erlebt haben, besteht aus einer Orgie alter Freimaurerbräuche. Man achte auf die Titel: Der Großkanzler des Ordenskapitels verleiht dem neuen Maître das »Brustgeschirr«, einen roten Hummer am blauen Halsband – sieht aus wie ein Karnevalsorden. Dieser kniet sich darauf hin und erhält einen Schluck aus der silbernen Suppenschöpfkelle, Getränk nach eigener Wahl. In diesem Falle handelte es sich um gewöhnlichen Sekt der Steigenberger Hausmarke »Tradition«. Auch die anderen neuen Mitglieder dürfen niederknien und erhalten einen Schluck aus diesem Kelch. Nachdem der neue Maître, ein Oberstleutnant mit gezwirbeltem Schnurrbart und steif im Rücken wie ein Rittmeister der Garde, seine Rede gehalten hatte, die mit dem prägnanten Satz begann: »Die Anfänge waren schwer«, konnte das fünfgängige Gründungsmenü endlich serviert werden.

Der Berichterstatter befindet sich in der ungemütlichen Lage, als Gast am Tische über jeden Gang zu lästern. Eine kulinarische Offenbarung war das Essen nicht. Nun steht es mit dem Kulinarischen in Berlin sowieso nicht zum besten. Zwar hat der »Michelin« jetzt sieben Berliner Restaurants mit je einem Stern ausgezeichnet, aber einige dieser Restaurants liegen weit draußen und über jeden der sieben Sterne könnte man lange streiten. Wenn man nicht gerade zum »Italiener« geht – von denen gibt es einige sehr gute in Berlin –, gilt im allgemeinen: Das Essen ist schlecht und teuer. Des guten Essens wegen ist noch keiner nach Berlin gekommen. Die CC-Berliner Bär wollte jetzt im Hotel Steigenberger ein Menü mit »Berlin-typischen Gerichten« servieren. Das enthält schon in sich eine Drohung. In diesem Falle aber ging es gehörig daneben.

Die »Bulette vom Havelzander« schmeckte kühlschrankkalt und abgestanden. Der Roggentaler, auf dem sie serviert wurde, war durchgeweicht, die Salatblätter waren fahl geworden. Der Kleckser roter Kaviar auf Crème fraiche konnte die Delikatesse auch nicht retten. Die nächste Vorspeise, »Wirsingkohlroulade mit Wachtelbrüstchen«, roch unangenehm, mehr nach Kohl als nach Wirsing; immerhin war sie noch lauwarm. Es folgte die »Havelländer Krebssuppe«, die recht interessant schmeckte. Als Höhepunkt der Dekoration schwamm in jeder Suppenschale das ausgehöhlte Vorderteil eines Flußkrebses, der den fröhlichen Esser mit seinen schönen Augen so traurig ansah, daß dieser nach zwei Löffel Suppe den Kampf mit dem Krebs aufgab. Diese Runde ging an die Krebse. Nach der Suppe stand ein Stückchen Gänseleber auf dem Programm. Mit ihm wurde auch der Höhepunkt des Essens serviert. Dabei handelte es sich um einen etwa einen Zentimeter großen Klecks Calvados-Schalotten oben auf der Leber, wahrhaftig ein Genuß. Umlegt war die Leber von karamelisierten Apfelspalten, und zwischen jeder Apfelspalte befand sich ein Blättchen Kerbel. Klingt vielleicht ganz gut. Wenn man jedoch die Blättchen sah, so latschig, wie die Österreicher sagen, so müde, so eine traurige Dekoration, dann mußte man denken, was für ein stümperhaftes Anfängeressen, das haben wir doch in den Achtundsechzigern schon besser gemacht.

Dann gab es »Berliner Eisbein«, das immerhin einen Ruf zu verteidigen hat. Es zeigte sich, daß die Kulinarisierung dem Gericht nicht bekommt. So ist es zum Beispiel eine Kuriosität des Berliner Eisbeins, daß es mit zwei Portionen Püree serviert wird, erstens Kartoffelpüree, zweitens Erbspüree. Den kulinarischen Brüdern erschien das offensichtlich zu wenig fein. So ließen sie das Kartoffelpüree ganz weg und machten statt des ordinären Erbspürees ein Püree aus Zuckerschoten, das überhaupt nicht paßte, und zu allem Überfluß auch noch eine überschwere »Senf-Hollandaise«, die völlig unangebracht war. Der Nachtisch nannte sich »Quark-Keulchen mit Berliner Luft« und bestand aus einer Portion Vanille-Eis, nun ja, und ein paar kleinen, in der Frittüre gebackenen, längst kalt gewordenen Windbeuteln.

Es fiel auf, daß es während des Essens kein Brot gab. Ach, hätte es doch Brot gegeben, gutes Berliner Brot mit gesalzener Brandenburger Butter, wie Berlin-typisch wäre das gewesen.

Nicht nur Soljanka

»Die Verpflegungsfrage ist für den Kulturmenschen eigentlich das Wichtigste«, schrieb Theodor Fontane 1894 an seine Tochter Mete. Die Verpflegungsfrage ist ein Wort nach dem Sinn puritanischer Preußen; es spricht daraus ein permanent schlechtes Gewissen, das Leben zu genießen, und eine gehörige Portion

Angst vor dem Luxus. In der Sondersprache der DDR setzte sich diese Sprödigkeit fort, beispielhaft in dem Wort: »Sättigungsbeilage«. Inzwischen ist in Berlin die Zeit der Sättigungsbeilagen vorbei. Aber die Stadt tut sich immer noch schwer mit der feinen Küche. Fast jede Woche eröffnet ein neues Restaurant, das einen völlig neuen Stil verspricht. Man entdeckt wieder die alten gediegenen Restaurants, die man, wie alles von Belang, in den Nebenstraßen findet. Doch das Wort »kulinarisch« gilt immer noch als abgeschmackt, als ein Wort, das man besser nicht ausspricht, das man auf keinen Fall ernst nehmen darf.

Cafés gibt es in Fülle, aber die Cafés haben sich stillschweigend zum Bistro gewandelt; die Kuchenauswahl ist mäßig. Eine Ausnahme macht das sogenannte Literaturcafé im Literaturhaus an der Fasanenstraße. Das Lokal war von Anfang an als Kombination von Café und Bistro geplant. Die Kuchenauswahl ist jedoch so exzellent, daß man dort nie weiß, was man essen soll, ob Kuchen oder mit Spinat gefüllte Maultaschen. Die größte Kuchenauswahl in Berlin findet man im Opernpalais neben der Staatsoper Unter den Linden. Das große Café-Restaurant mit seinen inzwischen heimelig gemütlichen Gasträumen ist noch eine Einrichtung aus der DDR-Zeit. Das Kuchenbuffet ist unvorstellbar groß und üppig; Diabetiker sündigen schon mit bloßem Hingucken. Das Foyer der Staatsoper selbst ist übrigens auch eine berlinische Besonderheit. Es sind nicht die Speisen und Getränke, die sind wie in allen Theaterfoyers auch, es ist allein der Name: Das

Foyer heißt nicht Foyer oder Buffet und hat auch sonst keinen schnittigen namen, es heißt »Konditorei«.

Wie unterschiedlich man Kuchen verstehen kann, ist in den Teesalons der beiden First-Class-Hotels Kempinski und Steigenberger zu erleben. Während bei Steigenberger kleine, feine, frische Kuchen angeboten werden, gibt es ausgerechnet in dem feinen Kempinski dicke schwere Torten wie im Bauern-Café.

Eine Besonderheit, wie man sie selbst in Rom schwer findet, ist die fast winzige Pasticceria Italiana an der Leibnizstraße, die täglich um die dreißig frische Torten im Angebot hat, dazu jede Menge Petits fours, jedes frisch und mit handwerklicher Liebe gemacht. Allein die Dekoration der Kuchenstücke ist eine Lust. Eine deutsche Wirtin, die Ehefrau des fast mageren Konditors, führt das Regiment in dem plüschigen Mini-Café; sie kämpft tapfer gegen ihre Figur. Der Schlager dieses Herbstes ist eine delikate Feigentorte.

Die vielen Restaurants mit deutscher Küche, auf die oft als Werbeargument hingewiesen wird, bieten vorwiegend das an, was auch in Frankfurt am Main oder auch in München als »volkstümlich« gilt – Eisbein, Blut und Leberwürste mit Sauerkraut, im Herbst und Winter fast überall gebratene Gans mit Grün- oder Rotkohl – nur, daß es in Berlin wesentlich teurer ist und die Portionen größer sind, daß dem Gast vor der Größe der Appetit vergeht.

Der »Michelin« verzeichnet inzwischen sieben Restaurants mit einem Stern, sechs im Westen, eines – neu – im Osten: das »Vau« an der Jägerstraße; Küchenchef ist Kolija Kleeberg. Bei den Sterne-Restaurants schwören wir auf das »Harlekin« im Hotel Esplanade am Lützowufer, das schon von den Preisen her das Essen zu einem Abenteuer macht. Die etwas kalte Einrichtung des Restaurants, die viele abschreckt, wird ausgeglichen durch die freundliche, sehr bemühte Bedienung.

In Charlottenburg, dem einen Zentrum des Ausgehens im Westen, bevorzugen wir die »Paris-Bar« in der Kantstraße: Man trifft sich eben dort noch immer. Wunderbar und wenig bekannt ist das Restaurant des Hotels »Brandenburger Hof« an der Eislebener Straße, wo man sommers im Säulenumgang des alten Stadtpalais sitzt. Oder das Restaurant »Heising« an der Rankestraße mit viel Plüsch, Kristall und kostbarem Porzellan, das der Besitzer als eine private Liebhaberei betreibt. Man hat das Gefühl, der Wirt suche sich seine Gäste persönlich aus.

Landfranzösisch und dazu relativ preiswert isst man im »Astir's« an der Grolmanstraße, dem wir den despektierlichen Namen »Arthritis« gegeben haben. Man darf mit dem Kellner Französisch sprechen. Halbfranzösisch ist das Restaurant »Braendl« am Horstweg, dessen Küche eine aparte Mischung aus schwäbischen und welschen Speisen bietet: still, einfach und immer gut. Zwei Nachteile hat das »Braendl»: Sonntags ist es geschlossen, und es nimmt keine Kreditkarten.

Zu erwähnen sind auch die vielen Lokale mit österreichischer Küche, die dann »Austria« oder »Zillertal« heißen. Aber auch das berühmte »Café Einstein« an der Kurfürstenstraße mit seiner Filiale Unter den Linden hat einen Wiener Touch.

Gewiß gibt es in allen Bezirken interessante Wirtshäuser. Aber im wesentlichen sind es vier gastronomische Zentren: Charlottenburg und Kreuzberg im Westen, Mitte und Prenzlauer Berg im Osten. Die Ostberliner Gastronomen, zuerst überwältigt von westlich-kapitalistischem Zauberwerk, haben den Westberlinern rasch die Show gestohlen. Zuerst versuchten sie, es so zu machen wie im Westen, und scheuten auch vor komplizierten Gerichten nicht zurück. Daraus wurde nichts. Dann besannen sie sich ihrer Eigenart und kochten so, wie sie es gewohnt waren – et voilà, heute findet man auf fast jeder Karte ein paar Ostspezialitäten, die es im Westen nicht gibt. Nur die »Soljanka«, eine russische Suppe aus Kartoffeln, Fisch und sauren Gurken, hat sich auf fast allen Karten erhalten. Man weiß allerdings nie, wohin man gehen soll. Auf dem Prenzlauer Berg, am Käthe-Kollwitz-Platz, in der Husemann- und in der Danziger Straße gibt es nebeneinander Cafés, Bistros, Kneipen mit echten Spinnweben und abgewetzten Sitzmöbeln, die dem Gast das Gefühl vermitteln, er säße auf dem Boden. Dazu auch respektable Restaurants. Überall ist es einfach, überall ist man bemüht um den Gast, und überall fühlt er sich sofort wohl.

Obwohl es in Berlin Ausländer jeder Couleur gibt, sind exotische Restaurants, die über das Imbiß-Niveau hinausgehen, Raritäten. Arabische, chinesische, thailändische, vietnamesische Restaurants mit einem vorzeigbaren Ambiente, in denen die Speisen frisch zubereitet werden, also keine Konservenware bieten, findet man eher in Frankfurt am Main als in Berlin. Natürlich gibt es irgendwo »den« guten Araber,

»den« guten Syrier oder Libanesen oder »den« guten Chinesen, vielleicht im Wedding oder gar in Marzahn, aber man muß, wie nach allem in Berlin, danach suchen. Das ist der Preis der Dimension.

Der Komet

Gegen fünf Uhr in der Früh klingelte das Telefon. Ein Freund aus der Provinz rief an und erklärte ziemlich aufgeregt: »Du kannst dir nicht vorstellen, was ich sehe, während ich mit dir spreche. Ich sehe den Kometen Hale-Bopp. Deutlicher als ich es je für möglich gehalten hätte. Du darfst dir das nicht entgehen lassen.« Ich sah zum Fenster hinaus, rannte zum Balkon und zum Telefon zurück: »Ich sehe gar nichts.« »Dann mußt du raus. Eventuell aus der Stadt. Wenn du das heute verpasst, wirst du zweitausend Jahre oder mehr warten müssen, bis der Komet wieder vorbeikommt.« »Das paßt mir gar nicht«, sagte ich und angelte gleichzeitig, schon überredet, nach Hose, Hemd, Pullover, Socken und Schuhen.

Es paßte mir deshalb nicht, weil ich einen Tag vorher, fast auf die Minute exakt, auch schon durch die Stadt gelaufen war und den Sonnenaufgang erlebt habe. Der Weg vom Nollendorfplatz zum Sophie-Charlotte-Platz ist für einen Fußgänger ziemlich lang. Zuerst war Dunkelheit. Aber dann kündigte sich mit Wabern und sphärischem Brummen wie in einer Wagner-Oper die Dämmerung an. Den Augenblick der Lichtwerdung habe ich verpaßt: Der nächtliche Spaziergänger sah in ein Schaufenster, drehte sich um, und ein leuchtendes Grau erhellte plötzlich jeden Winkel. Es waren unwirkliche Bilder.

Nun stand ich also wieder in morgendlicher Dunkelheit auf der Straße. Das Brummen, jetzt sah ich es, waren ein paar Autos, die vorüberrasten. Es kam mir vor, als sei ich der einzige Fußgänger in der Stadt. Ich sah den Mond hinter Fetzen von Wolken. Ich suchte den Nordosten, den ich dort vermutete, wo rote Lichter auf dem Turm des Charlottenburger Rathauses blinkten. Ich bin so schlecht in Himmelsrichtungen. Stellte mir vor, wie es wohl wäre, ein Taxi anzuhalten und zu fragen: »Entschuldigen Sie bitte, wissen Sie, wo Nordosten ist?« Ich rannte zum Park des Charlottenburger Schlosses, um mehr freie Sicht zu haben. Ich sollte Ausschau halten nach dem Sternbild der Kassiopeia, der Mutter der Andromeda. Darunter sollte der Komet zu finden sein. Ich sah nur den Mond, Sterne überhaupt keine, aber es wurde zu meinem Schrecken immer heller. Das große Grau vom Ostersonntag wurde am Ostermontag durch ein blasses, vielleicht kitschiges, doch eigensinnig heiteres Blau ersetzt, wie man es in den Deckengemälden bayerischer Barockkirchen sehen kann. Rechts von mir war nun also das Schloß Charlottenburg mit der vergoldeten Fortuna auf der Kuppel, die sich im Winde dreht. Melancholisch und müde sah ich im einsamen Park durch die Baumallee. Immer noch, wenn auch fast schon resigniert, suchte ich den Himmel nach der Kassiopeia ab, und plötzlich sah ich den Kometen, direkt vor mir, zwischen den Bäumen der Allee mit ihren schwarzen Armen. Einen Stern mit einem Schweif. Es ist nicht der Stern von Bethlehem, der seinen Schweif wie eine Schleppe hinter sich herzieht. Der Schweif überragt vielmehr den Stern wie eine Standarte. Der Stern sieht aus wie ein fernes Himmelsflugzeug, der Schweif wie die Strahlen seiner Scheinwerfer. Ich dachte nicht an die neununddreißig Sektenanhänger in San Diego, die auf den Kometen gleichsam hereingefallen sind und ihre naive Gläubigkeit mit dem Leben bezahlt haben – Computer-Arbeit scheint entweder sehr dumm oder sehr naiv oder beides zu machen. Ich war auch nicht in der für solche Momente fast vorgeschriebenen Stimmung: Wie groß das All, wie klein der Mensch. Sondern, der Himmel wird mich strafen, ich dachte an mich: Was bist du für ein alter Narr, der auf das Wort eines jungen Luftikus sofort reagiert, obwohl er ja Recht hat, irgendwie. Wie hätte ich den Kometen verschlafen dürfen. Erst der Komet erfüllt das Jahrhundert. Mit dem Hundertneuner Bus, der gerade auf den Luisenplatz einbog und der vom Flughafen Tegel zum Bahnhof Zoo fährt, fuhr ich nach Hause.

Kaum hatte ich den Bus verlassen, befand ich mich in einem wilden Geschrei rundherum. Eine Frau beklagte in schrillem Diskant die Trennung von ihrem Mann, ihrem Freund oder ihrem Geliebten für eine Nacht. »Halts Maul,« sagte der Mann, was das Geschrei nur weitertrieb. Bevor die beiden mir ihre Lebensgeschichte erzählen, um Himmels Willen – ich floh in meine Wohnung. Dort klingelte das Telefon. »Hast du den Kometen gesehen?« »Ja, ich habe ihn gesehen.« »Ist das nicht toll? Wir haben den Stern gesehen.« »Schlaf schön«, sagte ich. »Du auch«, sagte er.

Der Erschrecker

Vielleicht liegt es am Alter. Vielleicht steckt in dem Märchen »Von einem, der auszog, das Gruseln zu lernen« tatsächlich eine höhere Philosophie, daß das Gruseln und die Lust daran eine Kunst sei, die im Alter erlischt. Es fällt dem Menschen zunehmend schwer, das Gruseltheater komisch zu finden. Dabei haben wir es gerade im Moment mit einer wahren Explosion von bewußtem Gegrusel zu tun. Hunderte von Filmen bemühen sich redlich darum, den Zuschauer zum Gruscln zu bringen – koste es, was es wolle –, aber es gelingt ihnen fast nie. Wie man von Realsatire spricht, müsste man auch von Realgrusel sprechen, der allen Gespensterzauber, schleimige Exterrestrische mit Glubschaugen und liebenswürdige Vampire übertrifft.

Im eben eröffneten Berliner Grusel-Kabinett, im Hochbunker am ehemaligen Anhalter-Bahnhof, ist in einer übergroßen Vitrine nichts anderes als eine abgeschabte, eingerissene Visitenkarte mit der geschwungenen Aufschrift »Heinrich Himmler« zu sehen. Das ersetzt alle Grusel-Kabinette der Welt. Im Untergeschoß des Bunkers sind Fundstücke aus dem Bunker zu sehen, im Parterre und im Obergeschoß folgen dann die gruselbewährten Puppen- und Geisterstuben, mittelalterliche Operationsräume und Gift-Laboratorien, eine Hexe sieht in einer Kugel die Zukunft, allerdings nur am Wochenende, eine von der Gewerkschaft geschützte Wochenendhexe, und ein »Erschrecker« läuft herum und macht »huuhuu«. Der Besucher hatte befürchtet, daß die realen Bunkerräume mit den Fundstücken unten und der Kinderkram oben nicht zusammen paßten. Doch wirkt das Bunkergeschoß im Originalzustand, gleichsam naturbelassen, so stark, daß die Gruselbahn oben gleichgültig wird. Da hat eine Dame im Bunker ein Fläschchen Parfum »Weißer Flieder« vergessen. Man stellt sich vor, wie sie wohl ausgesehen hat und ob sie den Krieg überstanden hat und wo sie geblieben ist. Man erinnert sich der Bunkeratmosphäre mit Angst und Herzklopfen. Wie man immer sein Bunkerköfferchen gepackt hatte mit dem Notwendigsten, der Zahnbürste und allen Papieren. Es ist merkwürdig, daß den Besucher ausgerechnet hier die Erinnerung ergreift; denn in Berlin gibt es viele andere Signale, die auf die Zeit hinweisen. An alten Häusern zum Beispiel, sowohl im Osten als auch im Westen, findet man noch die geheimnisvollen Zeichen: Ein eckiger Pfeil weist in den Hof, darüber steht etwa: »10 Personen.« Das heißt: Im Hof ist der Eingang zu einem Luftschutzbunker für zehn Personen, wichtig für den Fall, daß das Vorderhaus verschüttet ist. Jüngere schütteln den Kopf, wenn man es ihnen erklärt: »So ist das damals gewesen.«

Von den Gruselräumen oben ist nur einer wirklich komisch: die Abteilung für Scheintote. Hier sieht man den 1884 patentierten Scheintotsarg mit einer komplizierten Klingelanlage. Ein anderer Sarg öffnet sich ständig, der Tote im Frack richtet sich auf und sagt: »Nanu, wo bin ich denn?« Dann legt er sich friedlich wieder hin, und der Sargdeckel schließt sich. Der Eintritt in das Gruselkabinett kostet zwölf Mark.

In der Bismarckstraße

Die Bismarckstraße ist keine schöne Straße. Fremde wird sie kaum berühren. Eine Sehenswürdigkeit ist sie nicht. Man läuft über sie hinweg und vergißt sie wieder. Sie ist schnurgerade und unstatthaft breit, fast sechzig Meter. Auf beiden Seiten stehen hohe Häuser, Banken, Computerläden, Bürohäuser, die Deutsche Oper, das Schillertheater, aber nichts, woran das Auge sich festhalten könnte. Manche Häuser tragen postmodern verglaste Aufbauten. Man möchte wissen, wie die Wohnungen darin aussehen. Es scheinen Maisonette-Wohnungen mit Ateliercharakter zu sein. An dem relativ kurzen Stück der Straße zwischen Sophie-Charlotte-Platz und Wilmersdorfer Straße steht eine Zeile architektonisch bemerkenswerter Häuser aus der Gründerzeit, die mit manchen Langweiligkeiten der Straße versöhnen

In östlicher Richtung sieht man bei klarem Wetter die Siegessäule, bei Regen und verhangenem Himmel erscheinen die Schemen eines Turms aus dem Nebel. In westlicher Richtung sieht man den Kaiserdamm hinauf. In der Dämmerung, wenn die untergehende Sonne hinter einen grauen Wolke ein fahles rosa Licht verbreitet und die Geschäfte ihre glitzernden Lampen anzünden, bietet die Straße ein hinreißendes Bild. Für diesen Moment versinkt die ewige Auseinandersetzung zwischen grauem Beton und heiler grüner Natur ins Nichts: Als wenn das Glitzerbild keine Natur wäre.

Ab dem Rondell des Ernst-Reuter-Platzes, dessen Brunnen aus Sparsamkeit abgestellt wurde und das

entsprechend verwahrlost aussieht, eine riesige Müll-
tonne für allen Dreck der Welt, also von dort bis zum
Brandenburger Tor, auch bereits an der Siegessäule
also, heißt die Bismarckstraße »Straße des 17. Juni«,
vom Brandenburger Tor an heißt sie »Unter den Linden«, noch weiter heißt sie dann Karl-Liebknecht-
Straße und Prenzlauer Allee. Vom Sophie-Charlot-
ten-Platz an heißt die Straße Kaiserdamm, der später
in die Heerstraße übergeht. Die Bismarckstraße mit
ihren verschiedenen Fortsetzungen gehört zu den
großen Ost-West-Magistralen Berlins. Sie war die Pa-
radestraße, die Aufmarschstraße. Sie wurde zum
Ende der Kaiserzeit quer durch das alte Charlottenburg geschlagen. In ganz Berlin gibt es übrigens sechs
verschiedene Bismarckstraßen – wenn man die Bis-
marckbrücke hinzurechnet, gibt es sogar sieben –,
aber die von Charlottenburg ist dennoch »die« Bismarckstraße. Es heißt, daß bei der Eröffnung der U-
Bahn-Linie 2, die die gesamte Bismarckstraße unter-
höhlt, der Kaiser selbst anwesend war. In der Bismarckstraße werden sich aber auch die Nazis für
ihren Fackelzug für Adolf Hitler gesammelt haben,
am 30. Januar 1933 zur sogenannten Machtergreifung – allein das Wort erscheint heute so obszön, daß
man sich scheut, es auszusprechen.

Die Bismarckstraße ist das Gegenteil einer Flanier-
straße. Abgesehen von den unvermeidlichen Tep-
pichhäusern, die sich stets in Auflösung befinden,
gibt es nur wenige Geschäfte – Läden für Telefone,
Faxgeräte und Computer, zwei Supermärkte nebeneinander, ein Bilderladen für röhrende Hirsche und
Zigeunerinnen, im Buchladen der Evangelischen

freikirchlichen Gemeinde werden Bibeln und Krippenfiguren angeboten –, ein paar, wenig einladende Restaurants, ein Café, in dessen Kühlvitrine ein paar angeschnittene Kuchen vertrocknen, ein zweites Café an der Ecke der Wilmersdorfer Straße, das Hausfrauen vorbehalten scheint, und auch die Bilder in den Schaukästen der Deutschen Oper laden nicht zum Verweilen ein. So eilen die Menschen an den Häusern vorüber. Ein erstaunlicher Schnellschritt ist charakteristisch für die Bismarckstraße. Man kann sich dieser Verpflichtung zur Geschwindigkeit kaum entziehen, zumal oft ein eisiger Wind durch die Straße pfeift. Um beispielsweise die Straße zu überqueren, muß man bei einer Grünphase der Fußgängerampel regelrecht laufen, sonst schafft man es nur bis zur Mitte der Straße, was in Berlin allerdings nichts Ungewöhnliches ist; es gilt fast für alle größeren Straßen. Läuft man die letzten Meter bei Rot, hält der gutmütige Berliner Autofahrer zwar an, kann sich jedoch einer Berliner Schulmeisterei nicht enthalten und weist warnend auf das rote Licht. Es gibt sowieso nicht allzu viele Fußgänger auf der Straße. Die Leere der Bürgersteige ist wohl der auffallendste Unterschied zu dem parallel laufenden, wenngleich mindestens einen Kilometer entfernten Kurfürstendamm. Die wenigen, die über die Straße eilen, fast rennen, verschwinden bald in einer der Seitenstraßen, in denen sie sich heimisch fühlen. Berlin findet in den Nebenstraßen statt.

Nur ich wandere tagein, tagaus die Bismarckstraße herauf und hinunter, entdecke bei jedem Spaziergang neue, bisher übersehene Einzelheiten, merkwürdige, geheimnisvolle Lädchen, seltsame Relikte aus der Vergangenheit und die Quartiere versponnener Träumer, die an der Zukunft »arbeiten«. Ein Nagelstudio, gemeint sind Fingernägel, eine wahrhaft zukunftsweisende Branche. Oder die Papyrus-Druckerei mit echten Papyrus-Pflanzen im Schaufenster. Ich wußte sofort, daß die Bismarckstraße meine Straße ist. Sie ist so herrlich unpersönlich, so nah dem Alltag und ihm doch so fern. Stolz verzichtet sie auf kleinbürgerliche Gemütlichkeit. Hinter ihrer Abweisung verbirgt sich eine Herausforderung, ein Charme, der sich nur Kennern erschließt. Ich denke an die Mainzer Landstraße in Frankfurt oder an die Gibitzenhofstraße in Nürnberg mit ihren quietschenden Strassenbahnen, wo ich zum Schrecken meiner Kollegen jahrelang gewohnt habe. Die Bismarckstraße ist eine Straße nach meinem Sinn.

Das Schaufenster des Bestattungsunternehmens gleich um die Ecke ist mit kleinen Skulpturen von Friedrich dem Großen geschmückt, teils aus Gips, teil aus Porzellan. Zu dem Arrangement gehört auch ein Brotkorb aus Mutters bestem Kaffeegeschirr von der Königlich Preußischen Porzellan-Manufaktur. Ich denke jeden Morgen darüber nach. Was für ein rätselhaftes Memento mori. Was für abstrakte Abmahnungen der Vorübereilenden. Es gibt übrigens keine Stadt auf der Welt mit mehr Bestattungsunternehmen als Berlin.

In der Croissanterie werden die Gäste von dem unendlich traurig blickenden Bäcker empfangen. Der Ring im Ohr, das Kettchen um den Hals und die Tätowierungen am Arm scheinen ihn noch trauriger zu machen. Ich versuche ihn mit Komplimenten aufzuheitern: »Sie machen die besten Laugen-Croissants von ganz Berlin.« Er registriert freundlich meine Bemühungen, glaubt mir aber nicht, versinkt nach dem Servieren sofort wieder in seine Traurigkeit, die ihm gehört: Es scheinen weite, düstere Gewölbe zu sein, in denen er allein sich auskennt.

Über allen Häusern an der Bismarckstraße liegt eine Patina der Abgenutztheit. Die Bank- und Bürohochhäuser gehören zu den kühnsten von Berlin, wo Hochhäuser immer noch als ungewöhnlich, fast regelwidrig gelten, aber dennoch sehen sie allesamt aus, als habe man sie gar nicht gebraucht. Die Deutsche Oper, der Neubau von 1961, nach dem Krieg fast eine Wallfahrtsstätte für moderne Baukunst, ist mit den Jahren immer dunkler geworden. Heute ist sie nur noch ein grauer Klotz, der seine innere Bestimmung nach außen hin mit allzu schwerem Pomp feiert. Vor dem Eingang steht das Denkmal für Benno Ohnesorg, der 1967 bei den Tumulten um den Besuch des Schahs von Persien nicht weit von hier von einem Polizisten erschossen wurde. Die näheren Umstände des Falls wurden nie geklärt. Neben der Oper stößt die Straße mit dem schönen Namen »Krumme Strasse« auf die Bismarckstraße. An der »Krummen Strasse« gibt es zwei Hallenbäder, eines ganz neu, eines ganz alt, frühe Bäderkultur. Bei meinem ersten Besuch in der Oper, das muß 1967 gewesen sein – es gab »Tristan und Isolde« in der Inszenierung von Wieland Wagner –, war mein Platz in der letzten Reihe des ersten Rangs, also an der Rückwand zum Foyer. Während der schmachtenden Liebessehnsucht auf der Bühne und der Abwendung vom Leben wurde ich durch das rüde Stoßen von Flaschenkisten, Bier und Cola an die Foyerwand und durch das Klirren von Flaschen an die Banalität des Irdischen erinnert. Immer wenn ich die Deutsche Oper sehe, denke ich an Colakisten und Lebensüberdruß.

Bei ebendiesem Berlin-Besuch, 1967, beteiligte ich mich, eifrig und gewissenhaft, an einer Berlin-Rundfahrt, und ich erinnere mich, daß die Reiseführerin uns erklärte, daß die Straßenlaternen entlang der Bismarckstraße aus dem Skizzenbuch des »Führers« stammten. Es sind zylinderförmige Doppellaternen, die man dem Stil der Neuen Sachlichkeit zuordnen könnte. Gar nicht so schlecht; es gibt schlimmere Lampen aus der Zeit. Vor einigen Jahren soll es um diese Laternen eine hitzige Diskussion in Berlin gegeben haben. Vermutlich hätte ich diese Einzelheit längst vergessen, wenn ich nicht kurze Zeit später eine Stadtrundfahrt durch Rom unternommen hätte und die Reiseführerin im Bus uns erklärte, daß die Laternen entlang der breiten Straße, die quer durch Trastevere zum Petersplatz führt und die nach dem Abschluß des Lateran-Vertrages ein Geschenk des Duce an den Vatikan war, aus dem Skizzenbuch Mussolinis stammten. Es würde mich nicht wundern, wenn auch Franco und Salazar Straßenlaternen entworfen hätten, handelt es sich dabei doch offensichtlich um ein besonderes Vergnügen von Diktatoren.

An einem Haus der Bismarckstraße eilt man mit besonderem Tempo vorüber. Es ist das heutige Finanzamt für Charlottenburg, eindeutig aber ein Renommierbau aus dem Dritten Reich mit höherer Be-

deutung. Die Fassade aus granuliertem, ockerfarbe-
nem Mörtel – eine Verputzart, für die Berliner Architekten eine unerklärliche Neigung haben; das Bau-
material sieht schon in neuem Zustand müde und
abgenutzt aus – ist bedrohlich düster geworden. Vier
breite Pilaster, als handle es sich um die Kolonnaden
der obersten Heeresleitung, stehen vor dem Eingang,
zu dem man über eine eindrucksvolle Treppe und
durch eine relativ enge Pforte gelangt, daß es den Besucher sofort in die Haltung des Bittstellers versetzt.
Über der Pforte prunkt auch heute noch der Reichs-
adler, der aber lächerlicherweise nur die Hauszahl
»48« in seinen Krallen hält. Es gibt Wetten, daß sich
unter der Hauszahl noch das Hakenkreuz befindet.
Es gibt kaum einer, der dagegenhält. Aber der Adler
hängt so hoch, daß man schaudernd zu ihm aufsieht
und es eines Erdbebens bedürfte, um endlich Klar-
heit zu schaffen, was er in Wahrheit mit Krallen ver-
teidigt.

Eine der sympathischsten und gleichsam demo-
kratischsten Adressen an der Bismarckstraße ist die
Meldestelle, wo es Pässe und Ausweise gibt und wo
man sich an- und abmelden muß. Man kann kommen, wann man will, hier herrscht immer Hochbetrieb. Man sitzt in dem nüchternen Wartesaal und
starrt auf das langsam sich voranbewegende Zählwerk, das anzeigt, wann man an der Reihe ist. Aber
die Meldestelle ist ein kommunikativer Raum. Man
verständigt sich in allen Sprachen und Dialekten der
Welt, und man bewundert die Damen und Herren
hinter den gewichtigen Schreibtischen, die von früh
bis spät ihre gleichmütige Freundlichkeit bewahren

und den letzten Türken aus Anatolien ebenso korrekt bedienen wie den ersten zugewanderten Deutschen aus München. Die Polizeiwache neben der Meldestelle, in die man wie durch ein Schaufenster hineinsehen kann, sieht wie eine Filmkulisse aus. Man hat sofort die Vorstellung, der diensthabende Polizist schreibe mit einem Bleistiftstummel.

Nicht weit vor dem riesigen Rondell des Ernst-Reuter-Platzes, der auch heute noch halbwegs nach den klassischen Regeln des Kreisverkehrs funktioniert, liegt das Café Keese, »Ball Paradox«, das seit 1966 besteht und, ziemlich unverständlich, ausgerechnet hierhergeraten ist. Man hätte es überall erwartet, nur nicht in dieser windigen Bankenstraße. Wie das Hamburger Stammhaus trägt es den Wahlspruch des Hosenbandordens, »Honi soit qui mal y pense«, im Wappen. Von dem Hamburger Haus ist es jedoch seit etwa acht Jahren getrennt, wie Barfrau Uschi erzählt. Zuerst entdeckt man in dem im Stil der später Fünfziger und frühen Sechziger ausgestatteten Tanzsaal nur korpulentere Damen in weißen Spitzenblusen. Die Herren besitzen die chamäleonartige Fähigkeit, sich im Raum nahezu unsichtbar zu machen: Wo im Dunkel ein noch dunklerer Fleck ist, da sitzt ein Mann – und wartet darauf, daß irgendwann das durchsichtige Telefon auf seinem Tisch leuchtet. Aber die beherzten Damen gehen auch an die Tische der Herren und holen sich persönlich ihren Tanzpartner ab. Die astorante Dame an der Bar, wie man im Rheinland sagen würde, sie trägt einen verwegenen schwarzen Herrenhut, ist an diesem Abend der flotte Feger: Jeder Herr wird aufgefordert. Auf dem

Titelblatt der Getränkekarte sind die besonderen Qualitäten des Hauses verzeichnet: »Singletreff, Partnerwahl, Eheanbahnung«.

Rechts und links des Orchesterpodiums stehen zwei Bubble-Säulen, deren Geblubber wohl Sinnlichkeit signalisieren soll. Der Raum ringsherum ist mit stilisierten Sternkreiszeichen dekoriert. Viele Bäume, viele Lämpchen, amerikanisches Geglitzer. Wenn das Orchester Pause hat, setzt sofort Diskomusik älterer Art ein. Die herzigen Kelly-Buben schlagen alle Rekorde. Der Entertainer kündigt die Musik an wie das große Los auf dem Rummelplatz. Freitags und samstags soll Hochbetrieb sein, sagt Uschi. An jedem Mittwoch ist »Astroball«, daher die Tierkreiszeichen. An jedem Donnerstag ist »Heiratsmarkt«, steht auf der Getränkekarte; ich weiß nicht, wie das geht. Die Preise sind zivil. Der Eintritt ist frei, die Garderobe kostet 1,80 Mark, der Campari-Orange 18 Mark.

Das zweite Bestattungsunternehmen in der Bismarckstraße hat Urnen ins Schaufenster gestellt. Der vorübereilende Passant denkt sich den Text für eine Reklame-Anzeige aus: »Urnen im Angebot!« Das Prunkstück mit Messingbeschlägen und einem ziselierten Lorbeerkranz, dazu ein weißer, abschließbaren Marmorkasten, der wie ein Banktresor aussieht. Auch kleine Kunststoffkisten. Ich halte mich an den Marmorkasten. – Ich darf sagen, daß ich inzwischen die Bismarckstraße liebe, denn ich bin hier zu Hause.

Die sterben, wenn der Vorhang fällt

Jede Bühne braucht einen Stuhl. Man kann mit ihm sprechen. Man kann im weiten oder kurzen Bogen um ihn herumgehen. Man kann auf ihm sitzen. Man kann auf ihm stehen. Man kann unter ihm hindurchkriechen. Der Stuhl ist das wichtigste Requisit, das der Bühnengott erfunden hat. Aber was für einen Stuhl? Welten trennen den Stuhl des »Baal« vom Stuhl der »Heiligen Johanna«. Beim letzten Vorsprechen der Studenten, Aufnahmeprüfung, auf der Probebühne der Berliner Hochschule der Künste waren rechts auf der Bühne allerlei Möbel abgestellt, vorwiegend Tische und Stühle. Das Mädchen, das später ein Stück aus der »Jungfrau von Orléans« von Schiller vortrug, schleppte gleich drei Stühle auf die Mitte der Bühne, einen klassischen, dunkelbraunen Bühnenstuhl, einen weißlackierten und einen modernen Stuhl aus naturbelassener Kiefer wie aus dem Ikea-Kaufhaus. Zuerst entschied sie sich für den dunkelbraunen und trug die beiden anderen wieder weg. Nach kurzer Zeit besann sie sich jedoch, trug den dunkelbraunen weg und brachte den weißlackierten an.

Vor ihm hielt sie nun ihren großen Monolog. Dabei brachte sie das Kunststück fertig, den wenigen Zuschauern klarzumachen, daß ausgerechnet Schiller die Figur moderner gesehen hat, zerrissen zwischen himmlischen und irdischen Gefühlen, als seine vielen, heute bevorzugten Nachfolger, Shaw, Anouilh und viele andere. Nur mit den Schillerschen Schlußversen kam sie schlecht zurecht. Den Wechsel von reimloser Rede in gereimte Verse verpatzte sie jedesmal. Nach wenigen Sätzen schon – das Mädchen feierte gerade mit ausholenden Gesten einen dramatischen Ausbruch – sagte der Vorsitzende der Professorenkommission, die in langer Reihe auf dem berühmten fünften Podest des Zuschauerraums Platz genommen hatte: »Danke, das reicht schon. Wir würden gern noch ein Stück von Ihrer ›Schauspielerin‹ sehen.« »Jetzt? Ja,« sagte das Mädchen etwas irritiert und begann mit dem Umbau der Bühne.

Sie trug den weißlackierten Stuhl wieder weg und ersetzte ihn durch den dunkelbraunen. Dazu schob sie mit der Kraft eines Müllpackers einen Tisch in die Mitte der Bühne. Um es vorwegzunehmen, weder Stuhl noch Tisch hatten in dem nachfolgenden Monolog eine einsehbare, rationale Bedeutung, dennoch waren sie eine unerläßliche Zutat. Sie symbolisierten in diesem Falle die Bühne auf der Bühne. Das Mädchen hatte die weißen Jeans und das T-Shirt mit trickreicher Geschwindigkeit durch ein geschlitztes Minikleid mit Blumenmuster vertauscht. Allein dafür hätte sie einen Preis verdient. Die Schauspielerin ist eine Figur aus einem hierzulande wenig bekannten Stück von Ephraim Kishon, der für die Bühne offensichtlich origineller schreibt als in seinen Erzählungen. Die Schauspielerin, sehr selbstbewußt und schnippisch, will einer Vorsprechkommission erklären, daß sie für die Rolle der Desdemona im »Othello« weder eine blonde Perücke tragen wird noch ihr schwarzes Haar blond färben will. Nachdem sie schon eine ganze Weile ziemlich aufgeregt gesprochen hat, hört sie aus der Kommission, daß dort niemand auf blondes Haar Wert legt. Da dreht sie den Spieß sofort herum und erklärt nun der Kommission, nicht weniger aufgeragt, daß die Desdemona aber unbedingt ein nordischer Typ sein müsse. Was könnte der schwarze Othello schon an ihr finden, wenn sie nicht blond sei. – Der Berliner Vorsitzende winkte ab. »Danke.« »Das war es?« fragte das Mädchen. »Ja, Sie hören dann von uns.«

In der Kommission machte man sich Notizen und rief sich einige Nummern und Buchstaben zu. Es ging um den »Kriterien- und Beurteilungskatalog im Zulassungsverfahren zum Studiengang Schauspiel im Fachbereich 9, Darstellende Kunst«, der so deutliche Fragen enthält wie »Umgang mit Körper und Bewegung?« oder »Stimmliche Mittel und Anlagen?«, aber auch so rätselhafte wie »Intensität der inneren Beteiligung?« oder »Schaffende Phantasie, szenisch schaffende Phantasie?« Einige der Professoren und Dozenten entnahmen ihren Aktentaschen eine Thermosflasche, tranken aus dem kleinen, aufgeschraubten Becher einen Schluck Kaffee und aßen ein in Einpack-Pergament eingepacktes Butterbrot wie ein Lokomotivführer in einer Fahrpause. Wer es nicht besser wusste, wäre nie auf den Gedanken gekommen, dass hier wie nebenbei Schicksal gespielt wird.

Warum wollen die jungen Leute Schauspieler oder Schauspielerin werden? Was drängt sie, ungeachtet ihrer jugendlichen Coolness und Gewitztheit, zu diesem überaus vagen Abenteuer, von dem jeder Lebenserfahrene ihnen abraten müßte? Was bringt sie dazu, gegen jede Vernunft die Zeit herauszufordern? Während müde gewordene Erwachsene, die vielleicht früher, sie erinnern sich kaum noch daran, vom Theater geschwärmt haben, inzwischen das Theater als abgestandene Wiederholung aus ihrem Leben verbannt haben und Film und Fernsehen höchstens für Kinder noch interessant finden, erfahren sie in Gesprächen mit den Schauspiel-Studenten und Studentinnen eine so absolut unvernünftige Begeisterung, daß es sie am Ende mitreißt. Warum sollte das Theater, von dem schon Schiller das Unkommode, das Aufrührerische forderte, nicht in der Lage sein, uns heute den Spiegel vorzuhalten? Warum sollte das Theater keine Zukunft haben?

Während der Berliner Filmfestspiele erzählte ich einer Gruppe von Studenten und Studentinnen, daß ich gerade am XY-Luxushotel vorbeigekommen sei, wo sich vor dem Eingang die Autogrammjäger fast schlugen, um ein Autogramm von Til Schweiger zu bekommen. Ist das Ihr Berufsziel, fragte ich, wollen Sie wie Til Schweiger sein? Es war ganz still geworden in der sonst immer plappernden Runde. Keiner sagte etwas. Aber ich sah ihren leuchtenden Augen an: Ja, ja, das war es. Sie wollten teilhaben am Ruhm, an der Prominenz, sie wollten anerkannt werden. Sie wollten heraus aus dem vielleicht dumpfen Mittelmaß ihres Elternhauses. Sie setzten ihr Leben auf eine Karte, um die Schönheit der Gedanken sichtbar zu machen, um einen zum Nachdenken zwingenden Satz vorzutragen oder, wie Thomas Mann das närrische Künstlertum im ganzen beschrieben hat, »um etwas höheren Blödsinn zu produzieren«.

Es geht nicht nur darum, Objekt der Begierde der Autogrammjäger zu werden, einige der Studenten und Studentinnen denken auch tiefer nach. Tom zum Beispiel – der jetzt schon vierzehnmal vorgesprochen hat, eine Odyssee durch alle Schauspielschulen Deutschlands, jetzt bleibt ihm nur noch Babelsberg – denkt skrupulös darüber nach, tags und nachts, ob er als Schauspieler eine andere Person oder sich selbst darstellen will. Wahrscheinlich hat er keinen Erfolg, weil er zuviel darüber nachdenkt. Andere sehen das viel wurstiger. »Für mich kam immer nur das Theater in Frage.« »Schon als Kind habe ich Vorstellungen mit dem Kasperle-Theater gegeben und dafür Eintrittsgeld gefordert.« Den Eltern paßt im allgemeinen die ganze Richtung nicht. Sie sind meist gegen das Studium und gegen den Beruf. Dem Mädchen empfehlen sie mit Vorliebe, es doch vielleicht in der Mode zu versuchen, sie könne doch so gut zeichnen. Dem Jungen wollen sie gern eine Banklehre schmackhaft machen, oder er solle in die Werbung gehen, »da kannst du viel Geld verdienen«. Aber die störrischen Kinder setzen sich durch. Lebensklug nutzen sie die momentane Unsicherheit in allen Berufen aus, die Arbeitslosigkeit, die unsichere Frage, wohin dieses oder jenes Studium führen wird, so daß die Eltern mit ihren Einsprüchen selbst auch unsicher geworden sind. Es ist ja schon gut, wenn der brave Junge oder das Mädchen sich überhaupt für irgend etwas interessiert, und vielleicht erinnert sich manche Mutter plötzlich, daß sie selbst doch auch einmal Schauspielerin werden wollte, wenn das in der Familie auch niemand wissen darf.

Die unbelehrbaren Kinder nehmen mit dem Entschluß zum Schauspielstudium viel Müh' und Plag' und Kosten auf sich, von denen die Familie im allgemeinen auch nichts weiß oder nichts wissen will. Es beginnt regelmäßig mit der schon beschriebenen Reise durch die deutschen Schauspielschulen, denn mit dem ersten Vorsprechen genommen zu werden, das schaffen nur wenige. Vier-, fünf-, sechsmal Vorsprechen ist fast die Regel. Sind sie angenommen für das vierjährige beziehungsweise achtsemestrige Studium, beginnt die Frage nach dem Lebensunterhalt, die für Schauspielstudenten und Studentinnen noch schwieriger zu sein scheint als für andere Studenten. Sie meiden Wohngemeinschaften, halten sich gern für sich, nehmen nur ungern Nebenjobs an, sie hungern durch die Monate, sie schreien zur Verwirrung ihrer Nachbarn durch die Wohnung: »Geben Sie Gedankenfreiheit, Sir!« Aber in der Großstadt sind sie eingeschüchtert und träumen von Bach und Wald und Wiese.

Die Schauspielschule von Frankfurt am Main gehört zu den beliebten, gilt allerdings im Aufnahmeverfahren auch als besonders streng. München hat zwei Schulen, eine städtische und eine vom Land Bayern, die sich gegenseitig sanft, doch dauerhaft bekriegen. Theaterpapst Everding bringt das alles unter einen Hut. Auch Berlin hat zwei Schulen, wenn man die Filmhochschule in Babelsberg, Potsdam, also im Land Brandenburg, dazurechnet, sogar drei. Die beiden traditionsreichen Berliner Schulen, die der Hochschule der Künste im Westen und die berühmtere Ernst-Busch-Hochschule für Schauspielkunst im Osten, führen beide ihren Ursprung auf die 1905 von Max Reinhardt gegründete Schauspielschule zurück, und beide Schulen haben recht damit. Reinhardts Schule war die erste Schauspielschule überhaupt. Zwar hatte es vorher im Wiener Burgtheater ein paar kümmerliche Versuche mit der Ausbildung des künstlerischen Nachwuchses gegeben, sonst war die Ausbildung eine private Angelegenheit meist älterer Schauspieler. Erst Max Reinhardt gab der Ausbildung eine Form. In seiner Rede zur Eröffnung der Schule, die zuerst »seinem« Theater, also dem Deutschen Theater zugeordnet war, fand er großartige Worte: »Menschen, deren beflügelter Pulsschlag die Zeit verrückt, die alle Schrecken des Daseins in drei Abendstunden bannen können, die mit dem ersten Klingelzeichen zu leben beginnen und sterben, wenn der Vorhang fällt. Die so tief getroffen werden vom Worte des Dichters, daß ihr eigenes Leben erstarrt, während ein fremdes Leben in ihnen zittert und jubelt, jauchzt und schreit. Ihnen sei dieses Haus geweiht.«

Über die zum Teil dramatische Geschichte der Max-Reinhardt-Schule gibt es eine Reihe wissenschaftlicher Untersuchungen. Hier nur ein kurzer Überblick. In der Nazi-Zeit waren die Schauspielschulen wegen ihres aufmüpfigen Geistes nicht sehr beliebt. Die Schule bestand zwar fort, wurde aber mit Absicht klein gehalten. Nach dem Krieg gründeten im Westen die Schauspielerin Maria Körber und einige andere die Schule neu als eigenen Fachbereich der Hochschule der Künste. Im Osten verlief die Neugründung unruhiger. Auch hier bemühte sich vor allem eine Schauspielerin um die Schule, Gerda Müller, unter dem Patronat von Wolfgang Langhoff, aber es kam sofort zu Richtungskämpfen. Denn in Weimar bestand ein Institut, das sich anmaßte, die offizielle DDR-Richtung für Schauspieler-Ausbildung von oben festzulegen. Brecht kam hinzu und kümmerte sich weder um die einen noch die anderen, sondern besorgte die Ausbildung an seinem Theater in eigener Regie. Das ging nicht ohne Hauen und Stechen ab, bis die Ernst-Busch-Schule schließlich ihr eigenes Haus, ein ehemaliges Bootshaus weit weg vom Zentrum, in Schöneweide erhielt, an das inzwischen ein neuer Teil angebaut ist. Das Haus ist nicht schön, aber praktisch. Doch prompt gab es nach der Wende die üblichen Besitzverhandlungen, die bis heute andauern.

Heute ist Professor Andreas Wirth Leiter des Fachbereichs Darstellende Kunst an der Hochschule der Künste, Professor Klaus Völker, seit 1992 Professor für Theatergeschichte und Dramaturgie, Leiter der Ernst-Busch-Schule. Sein Vertrag wurde gerade um weitere vier Jahre verlängert. Wie es um die Finanzierung der beiden Schulen steht? Das heikelste Thema überhaupt. Es gab schon einige Schüsse vor den Bug. Man sprach von Auflösung und Zusammenlegung, was beides in beiden Schulen Nervosität auslöst. Der umtriebige Kultursenator Peter Radunski, zur Zeit herrscht gerade Stille, aber er wird sich mit seinen ungehörigen Sparmaßnahmen wieder melden. So weit ist man sich sicher. Wie es dann aber sein wird? Niemand kann es sich vorstellen. Beide Direktoren sowie alle ihre Professoren und Dozenten, die ich befragte, stimmen merkwürdigerweise, oft gar in wörtlichen Passagen ihrer Antworten, darin überein, wenn es um die Unterschiede der beiden Hochschulen geht. An der Hochschule der Künste, kurz HdK genannt, würde mehr die individuelle Persönlichkeit der Studenten und Studentinnen berücksichtigt. Die Schule verstehe sich als eine Art Forschungslabor, offen für alle Experimente. In der Ernst-Busch-Schule werde dagegen mehr praktisch für die Bedürfnisse des Theaters ausgebildet. So klar sich das in der Theorie anhört, so unklar wird es, wenn man die Studenten-Aufführungen der beiden Schulen besucht.

Ich bin wochenlang durch Proben gewandert, habe den Unterschied zwischen Haupt- und Generalproben gelernt (Hauptproben dürfen bei Bedarf unterbrochen werden), bin gestolpert über dunkle Bühnen und in dunklen Zuschauerräumen. Ich erinnerte mich an eine Anekdote, die Giorgio Strehler vor langer Zeit erzählt hat, wie sicher und zielbewußt sich Brecht in dunklen Theatern bewegt habe. »Als ich das sah«, sagte Strehler, »wußte ich, der lebt im und für das Theater.« Ich muß die Dunkelheit noch lernen.

Das sechste Semester an der HdK führte eine stark gekürzte »Penthesilea« von Heinrich von Kleist auf. Hier zeigte sich eine sonderbare Eigenart aller Schauspielschulen: Es herrscht Männermangel. »Die Mädchen«, sagte Professor Völker, »wissen besser, was sie wollen.« Zur Klasse gehören zwei Jungen. Der eine war beurlaubt, weil er in einer Fernsehserie einen kleinen Job bekommen hat und man ihm diese finanzielle Möglichkeit nicht nehmen wollte. Aber so blieb nur einer, der den Achilles spielte, während die

Mädchen, notgedrungen, sowohl die griechischen Helden als auch die Amazonen spielen mußten. Die Lösung der Geschlechterfrage entwickelte sich dann aber im Laufe des Abends als Höhepunkt der Aufführung. Wie die Mädchen sich in einer Szene auf offener Bühne von den Griechen in Amazonen verwandelten, spöttisch, ironisch, gar auf die Gemeinsamkeiten der beiden Gruppen hinweisend, sah aus, als hätte Kleist sich das so ausgedacht. Man könnte gewiß über die Sprache, über die Bewegungen, über die Intensität des Spiels philosophieren, vor allem aber zeigte sich in Gesprächen, daß über die Literatur alles in allem wenig gesprochen worden war. Die durch und durch verrückte Liebe der Penthesilea, der auch etwas überdreht Feministisches anhaftet, konnten die Studentinnen schwer in die Wirklichkeit einordnen. Was das soll und warum man es heute spielen müsse? Der Achilles sagte lieber gar nichts. Die Mädchen waren so verzückt von der Liebe der Penthesilea, daß sie fest daran glaubten, sie reiche für einen Abend aus. Dabei übersahen sie, daß sich Kleist offensichtlich gerade von der paradoxen Situation seiner Bühnenfigur herausgefordert fühlte.

Zu dem Stück, das das vierte Semester der HdK aufführte, wußten die Studenten noch weniger zu sagen. Der Arbeitstitel des Stückes hieß »Paare im Werk von Georg Büchner«. Darin traten Paare aus dem »Danton«, aus dem »Woyzek« und aus »Leonce und Lena« auf, eine Text-Collage von Dieter Bitterli, der auch die Regie hatte und Gastprofessor für Szene an der HdK ist. Ein etwas rätselhaftes Stück, denn abgesehen vom »Woyzek« spielen die Paare bei Büchner keine tragende Rolle, zumal sie in Bitterlis Text auch noch reichlich verfremdet auftreten und durch die Zugabe von viel zu vielen Volksliedern fast wie aus einem Musical wirken. Noch rätselhafter aber war die Aufführung. Sie fand nicht in einem ordentlichen Theatersaal statt, sondern in der Starke-Villa im Grunewald, wo die Zuschauer mit den Schauspielern von Raum zu Raum wanderten, in bitterer Kälte sogar nach draußen, von wo man nun die Paare am Fenster sah. Die Zuschauer waren mindestens ebenso aktiv wie die Schauspieler. Alle waren begeistert, weil man sich bei der Aufführung so ungemein avantgardistisch vorkommen durfte, aber genau da liegt das Problem. Denn es gab für die beschwerliche Hauswanderung überhaupt keinen dramaturgischen Grund. Für die Schauspieler vielleicht noch am ehesten, weil sie mitten zwischen den Zuschauern standen und ebendort ihre Rollen spielen mussten. Aber es kam eben nicht dazu, daß die Zuschauer gleichsam mitspielten, mitspielen mußten, sondern man entschuldigte sich artig, wenn man wieder einmal dem einen oder anderen Schauspieler im Wege stand.

Die Ernst-Busch-Schule spielt bei öffentlichen Aufführungen nicht im eigenen Haus, sondern, etwas stadtnäher, im »bat-Studiotheater« an der Belforter Straße auf dem Prenzlauer Berg. Es ist ein Theater in klassischer DDR-Bauweise, das aber durch sein Alter nun fast gemütlich geworden ist. Auf dem Programm stand »Der Streit« von Marivaux, das nach einer unseligen Tradition meist als Komödie gespielt wird, obwohl es alles andere als eine Komödie ist. Dem älteren Zuschauer blieb es vorbehalten, sich während der Aufführung äußerst ungemütlich zu fühlen und immerfort an die einst vielbeachtete Erzählung »Ein Liebesversuch« von Alexander Kluge zu denken. Beide Texte haben die gleiche Konstellation. In »Ein Liebesversuch« beobachten KZ-Ärzte und Nazi-Offiziere ein ausgewähltes Paar, ob sie sich lieben, wie sie sich lieben oder ob sie das grausame Spiel, das man mit ihnen treibt, durchschauen. In dem Stück von Marivaux zeigt der Fürst seiner Geliebten ein achtzehn Jahre isoliert gehaltenes Bauernpaar, ob sie sich lieben, wie sie sich lieben oder ob sie das grausame Spiel durchschauen. Der etwas verschwommene Schluß läßt viele Deutungen des Endes zu. Patrice Cherrau soll in seiner Inszenierung einst auf die Grausamkeit des Stückes hingewiesen haben. In der Berliner Aufführung indes wurde auf lustig gespielt. Mit Wonne wälzten sich die Schauspieler über den Boden, durch einen veritablen Bach, viel leere Artistik, Commedia dell'arte nur der Commedia wegen.

Auf der Probebühne der Hochschule der Künste hatte inzwischen ein Türke vorgesprochen. »Denn Brutus ist ein ehrenwerter Mann«, der Satz gelang ihm am besten. Der türkische Junge hatte den genialen Einfall, nicht wie alle anderen von rechts aufzutreten, sondern er ging quer über die Bühne und trat von links auf.

Die Professoren und Dozenten hatten wieder einen Schluck heißen Kaffee getrunken und an ihrem zweiten Butterbrot geknabbert. Dann trat Joachim Sch. auf, »zweiundzwanzig Jahre alt«, sagte er und kam, dem Dialekt nach, aus dem Norden. Er schleppte eine schwere Reisetasche voller Kostüme und Requisiten auf die Bühne, dazu eine farbbeschmierte Leiter. Die Leiter ersetzte ihm den Stuhl. Er kauerte unter ihr, und er erhob sich auf ihr. Mit seinem dauernden Umziehen für Minutenrollen erinnerte er an einen Thaiboxkampf in Bangkok: Wer am andächtigsten die Götter verehrt und mit seinen Gebeten kein Ende findet, ist mit Sicherheit am Ende der Verlierer. »Danke, das genügt,« sagte der Vorsitzende der Professoren-Kommission. Joachim Sch. sah ungläubig durch die Scheinwerfer auf die Reihe auf dem fünften Zuschauerpodest. »Sie meinen…« Und dann machte er, schon im Abgang, mit der linken Hand eine unnachahmliche Bewegung, die Frage und demütige Annahme des Richterspruches zugleich war: Sie meinen tatsächlich, daß ich gehen kann? Das sagen Sie mir ins Gesicht? Er nahm seine schwere Tasche auf und auch noch die Leiter und ging.

Berlin 2000

Seit etwa zehn Jahren wird an der Schauseite des Centre Pompidou in Paris das Jahrhundert nach Sekunden und Minuten heruntergezählt, sehnsuchtsvoll den 1. Januar 2000 im Blick, der alle Schrecken, alle Leiden, alle Verstörung und alles Ungemach hinter sich zurücklassen soll oder daß aus alldem das Neue, Reine, Wahre, Schöne erwachse. Bevor wir uns über soviel Naivität ereifern oder wir uns fragen mögen, warum uns alle der 1. Januar 2000 im Blick hält wie die Schlange das Kaninchen, die Zahlen und das ewige Zählen der Franzosen will nicht viel heißen.

Denn die Franzosen sind sowieso verrückt nach Zahlen und Figuren, von denen der deutsche Romantiker Novalis zum Beispiel gar nichts wissen wollte. Die intimeren Freunde des Centre Pompidou, um bei dem Ort zu bleiben, kennen den kleinen, schwarzen, fast geheimen Kasten im Vorraum der Rolltreppen, der in leuchtenden Computerziffern die Anzahl der Besucher anzeigt, die sich gerade auf der Rolltreppe oder in den oberen Sälen befinden. Als ich hinsah, waren es exakt 3323. Da aber rechts drei Leute hineingingen und die Lichtschranke des elektronischen Zählwerks durchbrachen, lief die Uhr drei Zahlen weiter, während links vier Leute herauskamen und die Uhr, außer Atem, auf 3322 zurückraste. Ich stand starr, wie vom Blitz getroffen. Ich sprech' nicht gern darüber, aber die Größe des Gedankens hatte mich überwältigt, und ich suchte, vergeblich natürlich, nach einem Museumsstühlchen. Die gewaltige Ansammlung von Kunst in den oberen Räumen dieses einzigartigen Kunstsilos konzentrierte sich in meinen Augen auf dieses schlichte und doch so raffinierte Zählwerk, das in einem neuen Beweis französischer Clarté Aktiva und Passiva des Daseins in einer einzigen Zahl vereint. Denn die Zahl ist das Konkrete, so wollten es die französischen Aufklärer, so wollte es die Revolution, das andere ist allenfalls Beiwerk, Tarnung, Makulatur. Die Zahl ist die Zumutung des Geistes. Die Zahl ist das heilsame Ärgernis, ohne das nichts ist in der Welt.

Mit der Zahl 2000, in Worten: zweitausend, die plötzlich fast die ganze Welt in eine Art Taumel versetzt – abgesehen wohl nur von den Kulturen, die ihre Jahre anders zählen –, will der Zahlenmythos allerdings nicht recht gelingen. Zwar starren auch wir auf die 2000, aber wir können nicht daran glauben, gerade weil wir Grund hätten, einen Wandel herbeizusehnen. Rundum verweist man uns auf die Zahl 2000, doch sonst, vielleicht unerlaubt pauschal gesagt, geschieht eigentlich nichts. Wo ist die politische Partei, die sich auf ihren pompös benannten Parteitagen, 2000, ernsthaft mit der katastrophalen Arbeitslosigkeit auseinandergesetzt hat? Wenn ein Patentrezept wohl gar nicht zu erwarten ist, so wäre man doch schon zufrieden, wenn wenigstens Wege genannt würden, die etwas Hoffnung und Erfolg versprechen. Die Preise und Abgaben für Steuern und Versicherungen steigen und steigen, wir sparen uns kaputt, nur um nach dem Willen einiger Regierungspolitiker die Bedingungen für den Euro zu erfüllen, obwohl dessen Erfolg mehr als ungewiß ist. In Notzeiten, so hatten es sich zur Zeit der Großen Koalition Schiller und Strauß ausgerechnet, sei das krampfhafte Sparen genau der falsche Weg. Sie hatten immerhin Erfolg damit. Arbeitsbeschaffungsmaßnahmen? Gestrichen. In den zwanziger Jahren wurden mit diesem »Mittel« Parks, Sportplätze und heute denkmalgeschützte Straßen angelegt. Das »Mittel« ist billiger als Sozialhilfe, aber die Einsicht nützt nichts. Wir sagen: Integration der Ausländer bei uns – und sperren gleichzeitig die Mittel für Schulen und Vereine und sonstige Institutionen, die zur Integration geschaffen wurden. Dafür werfen wir die armen Bosnier ziemlich gnadenlos heraus, obwohl wir nach vielfachem Spruch der Regierungspolitiker immer noch eine reiche, beneidete Industrienation sind. Wahrhaftig, wir sind es, aber offenbar dürfen wir es nicht laut sagen. Man beschließt, mehr Verkehr auf die Schiene zu verlegen, aber gleichzeitig werden immer wieder Strecken stillgelegt und abgebaut wegen angeblicher Unrentabilität, natürlich, weil die Bahn selbst die Strecken für den Güterverkehr nicht nutzt, sondern lieber über überbelastete Straßen fährt. Daß man ausgerechnet die Patienten in Krankenhäusern mit immer höheren Abgaben schröpft, ist unverschämt und ungerecht und zeigt, wie wenig die sogenannten Sozial-Politiker über deren Situation wissen. Das »soziale Netz« ist weitmaschiger, als die Politiker glauben. Bevor die Krankenkassen zu zahlen beginnen (und diese Zahlungen dann auch bald wieder einstellen mit Hinweis auf die Sozialhilfe), muß der arme Patient erst einmal zahlen, zahlen, als habe er sich mit seiner Krankheit schuldig gemacht an der Gesellschaft. Ach, 2000. Ich erinnere mich an eine Diskussion zu einer Landtagswahl in Schleswig-Holstein, als die Vertreter von CDU und SPD sich gegenseitig vorrechneten, wer mehr Freibäder gebaut habe, und sich dann ein Grüner zu Wort meldete, wenn man die Elbe sauber gehalten hätte, könnte man auf alle Freibäder verzichten. Aber wer hält die Elbe sauber? Vom 1. Januar 2000 an?

Berlin 2000 hat nun Prof. Ulrich Eckhardt, der Beauftragte des Senats für das Veranstaltungsprogramm 1999/2000, ausgerufen. Er und sein agiler Public-relations-Beauftragter, Dr. Volker Hassemer, haben sich ausgerechnet, daß in Berlin das 21. Jahrhundert schon am 23. Mai 1999 beginnt, also mit der

endgültigen Inthronisation der Hauptstadt. Ein bißchen erinnert das an die Produktwerbung, »Persil
2000«, »Volkswagen 2000« und so weiter, wobei sich
die Produktnamen meistens zehn Jahre vor dem genannten Datum wie von selbst ändern, um dem Publikum anzuzeigen, daß man immer der Zeit voraus
sei. Aber die Konsumenten haben die Schaumschlä-
gerei längst durchschaut. Berlin 2000 präsentiert sich
im Ballsaal des Hotels Adlon, der, wie man hört, zur
Silvesterfeier 1999/2000 schon überbucht sei. Daß
man zur Präsentation ausgerechnet ein Hotel aus
dem vorigen Jahrhundert wählte, kann man so und
so bewerten. Entweder wollten die Veranstalter demonstrieren, wie wichtig ihnen das Alte sei, oder es
fehlte ihnen an Mut zum Neuen.

Ich hör' jetzt auf. Denn auch Journalisten neigen
dazu, sich von Zahlen und Wörtern – wie etwa: An
der Schwelle des 21. Jahrhunderts – überwältigen zu
lassen. Ich warte lieber ab.

Der Fortschritt

Die Fahrrad-Rikschas, die es bereits in einigen westlichen Großstädten gibt, fahren nun auch in Berlin.
Die Fahrgastgondeln, so nennt man in Asien die
überdachten Bänke für die Passagiere, bestehen in
Berlin aus gelbem Blech – gelb wegen der Verkehrssicherheit vermutlich –, das auf der Rückseite wie ein
Fußballspieler die Werbung von Geschäften oder
Markenartikeln trägt. Der Besitzer der Rikschas erklärte im Fernsehen mit Stolz seine bahnbrechende,

umweltfreundliche, preisgünstige, arbeitsplatzschaffende Idee im Fernsehen, wieviel Mühe es ihn gekostet habe, bei den Behörden die Rikschas steuerlich und verkehrsamtlich als Fahrräder zu deklarieren, mit Menschenkraft betriebene Fahrzeuge zur Beförderung von Personen. Solange über die Idee nur geredet wurde, fand man sie vielleicht sogar amüsant. Nachdem man das erste Fahrradtaxi Unter den Linden gesehen hatte – ein Mädchen, das sich schwer atmend in die Pedale stellte, und seine beiden Passagiere, ein im Habitus typisches, kindlich kicherndes Touristenpaar, daß man es nicht glauben wollte –, verfluchtigte sich jah jeder Gedanke an Amusement.

Der Beobachter, der offensichtlich im Gehen nicht denken kann, blieb vor der Komischen Oper stehen und verfiel ins Grübeln. In Bangkok, erinnerte er sich, werden die Rikschas von Tausenden von Personwagen, Bussen, Lastwagen gnadenlos und lebensgefährlich überdies in die Mitte der Straße abgedrängt, wo sie in einem fast greifbaren Strom übler Abgase fahren müssen. In Bombay war das Gedränge der Rikschas, der von Menschen gezogenen und der Fahrrad-Rikschas, so dicht, daß sie sich gegenseitig behinderten; die Fahrer stritten sich um freie Bahn; ihre Wagen setzten sie dabei als Waffen ein. Die meisten Fahrer waren junge Männer, aber sie sahen alt und verhärmt aus, ausgehungert und sterbensmüde. In Singapure eine kurze Fahrt, war es tatsächlich lustig. Der Junge sang und plapperte und winkte seinen Kollegen zu, daß der Passagier nur noch dachte: Ich muß ihm doch mehr Trinkgeld geben.

Aber wo auch immer er Rikschas benutzte, weil es

keine anderen Transportmittel gab, hatte er ein schlechtes Gewissen: Wie kann ich nur einem anderen Menschen zumuten, mir in dieser totalen Weise zur Verfügung zu stehen. Mit den Schuhputzern in Kairo oder in Neu-Delhi erging es ihm nicht anders: Dem Schuhputzer in dieser Herrenmenschen-Geste den Fuß hinzustrecken, blieb für ihn ein Akt der Unterwerfung, obwohl er natürlich wußte, daß das Schuheputzen für den Schuhputzer oder das Rikschafahren für den Rikschafahrer ein Geschäft wie jedes andere ist. In Asien mag uns das Rikschafahren als exotischen Brauch erscheinen, in Berlin indes ist diese Ausnutzung von Menschenkraft ein zivilisatorischer Rückschritt, der nur durch Not und Arbeitslosigkeit zu erklären ist. Man könnte auch Aufzüge und Rolltreppen mit Menschenkraft betreiben; schließlich könnten Montagebänder in Fabriken von Menschen in Tretmühlen angetrieben werden.

Am Wochenende konnte man die Fahrrad-Rikschas fast schon in Rudeln sehen, besetzt von diesen kichernden Touristen. Berlin hatte immer schon den zweifelhaften Ruf einer Kuriositäten-Show. Die Fahrradrikschas werden ihr Teil dazu beitragen.

In Karlshorst am Tag der Kapitulation

Am 9. Mai 1945 rief ein von Amerikanern in der gegenüber liegenden Kaserne internierter italienischer Fremdarbeiter: »Frau, Hitler kaputt!« Die Frau trug die damals übliche Trümmerfrauentracht, ein Halstuch mit Blümchen um den Kopf gebunden, und sie

bemühte sich verzweifelt, die zerbrochenen Fenster-
scheiben durch Holzlatten zu ersetzen. Nach dem
Ruf des Italieners, der wie ein Signal über die Straße
tönte, ließ sie den Hammer fallen, drehte sich um auf
ihrer Leiter und rief mit italienischem Akzent »Hitler
kaputt!« ins Haus. Am Abend kamen Italo-Amerika-
ner, um mit den Italienern in der Kaserne zu feiern.
Sie saßen auf der Eingangstreppe und spielten auf
dem Kamm »Santa Lucia« und viele »Mamma-Lie-
der«. Sie sangen und spielten die ganze Nacht. So er-
lebte der Schreiber dieser Zeilen tief im deutschen
Westen die Kapitulation.

In Berlin notierte Margret Boveri in ihrem Berliner
Tagebuch von 1945, »Tage des Überlebens«, unter
dem 9. Mai 1945: »Als ich gestern in der Tiergarten-
gegend durch die Stadt fuhr, dachte ich mir: Von diesem Mai 45 wird man einmal erzählen wie vom Sac-
co die Roma. Heute früh wieder zur Kartenstelle.
Hunderte Menschen kamen uns entgegen. Es werden
noch keine Karten ausgegeben, nur registriert. Be-
gegnete vor dem Ausstellungsgebäude Herrn Mie-
tusch ohne Rad: Russen hatten es ihm abgenommen.
Bob in großer Sorge, weil Elsbeth seit Stunden fort
war.« Spröde zitiert sie den offiziellen Anschlag: »Am
9. Mai wurde in Karlshorst die Kapitulationsurkunde
unterzeichnet.« Später schreibt sie: »In meinem Goethe bin ich jetzt in der Kampagne in Frankreich, wo
es parallele Vorgänge gibt und weise Bemerkungen
über das Plündern, welches damals die Preußen be-
sorgten.« Margret Boveri veröffentlichte das Tagebuch erst zwanzig Jahre später, weil sie ihrem eigenen
Blick nicht traute und weil sie befürchtete, zur Zeit

des Kalten Krieges könnte man ihre spontanen Schilderungen als Hetze mißverstehen.

Im Deutsch-Russischen Museum Berlin-Karlshorst, wo die Nacht vom 8. auf den 9. Mai, der Jahrestag der Kapitulation also, mit einem bescheidenen Fest begangen wurde, glaubte man noch Reste dieser alten Kalter-Krieg-Stimmung zu spüren. So gehörte es beispielsweise zur unausgesprochenen Political Correctness, wenn Zeitzeugen von Vergewaltigungen sprachen, zu sagen, daß Tausende von Frauen in ganz Deutschland vergewaltigt worden seien. Das ist zwar einerseits richtig, andererseits wird damit unterstellt, daß im Westen ebenso viele Frauen vergewaltigt worden seien wie im Osten. Das ist eindeutig falsch. Auch durfte man nicht sagen, daß die Bevölkerung von Berlin die Amerikaner lieber als Siegermacht gesehen hätte. Schon die Andeutung einer solchen Bemerkung löste ein scharfes Zischen im Saal aus. Daß die Moderatorin der Diskussion den Wörtern »Gewinner« und »Verlieren« ein »sogenannt« voranstellte, damit offenbarte sie sich nach Meinung vieler Zuhörer als »Faschistin«. Von einem Fest zur Kapitulation kann daher nicht gesprochen werden. Dazu war die Stimmung allzu gereizt. Im Westen läuft so etwas harmloser, allerdings auch uninteressierter ab. Allein der Ritus, an bestimmten Stellen Beifall zu klatschen, an anderen Stellen aber eisig zu schweigen – Westler werden den Brauch nie durchschauen –, deutete darauf hin, daß es sich hier um eine Veranstaltung der ehemaligen DDR handelte.

Dabei ist das Museum und die wahrhaft historische Gedenkstätte ein Monument der Weltoffenheit, das mehr Aufmerksamkeit verdiente, als ihm zuteil wird. Es ist vermutlich das einzige Deutsch-Russische Museum in der Welt, in dem die Angehörigen beider Nationen die erstaunlichsten Dinge finden. Uniformen, Fotos, Plakate, Bücher und Dokumente zur frühen deutschen Nachkriegsgeschichte. Zum Tag der Kapitulation bestand mindestens die Hälfte der Besucher aus Russen, jungen und alten, ehemaligen Soldaten, die nur gute Erinnerungen an Deutschland haben und die heute als Geschäftsleute in Berlin leben. Ihre Ehefrauen können meist nur wenig Deutsch sprechen. Sie sagen: »Der große Krieg, daß große Morden«, sie schütteln entsetzt ihren streng ondulierten Kopf, mehr können sie nicht sagen. Die Jungen, Studenten meist, machen sich Notizen zu jeder Rede, flirten mit deutschen Mädchen und sehen recht fröhlich aus.

Im Innern des Hauses, das ursprünglich eine Pionierschule der deutschen Wehrmacht war, befindet sich der große Saal, in dem am 8./9. Mai 1945 die Kapitulationsurkunde von den Deutschen, vertreten durch Feldmarschall Wilhelm Keitel, und den vier Alliierten unterzeichnet worden ist. Das Haus macht den Eindruck einer herrschaftlichen Villa aus den dreißiger Jahren mit einem sympathisch verwilderten Park. Bis 1949 war das Haus auch Sitz der sowjetischen Militärverwaltung. Auf den Fotos und auf dem ständig im Saal laufenden Film erkennt man die Einrichtung wieder. Es ist alles da, die Lampen, die Wassergläser und Karaffen, die Fahnen. Ein Ort der Weltgeschichte. 1945, nach der Unterzeichnung, gab es ein Gala-Dinner, das sich bis in den frühen Morgen hinzog.

In diesem Jahr sollte der Tag der Kapitulation mit sowjetischen Liedern vom großen vaterländischen Krieg und mit amerikanischer und französischer Tanzmusik der vierziger Jahre enden. Der Berichterstatter ging aber schon gegen 19 Uhr.

Aus dem Tagebuch III

»Schwanensee« in der Staatsoper Unter den Linden war für alle Freunde des klassischen Balletts ein überwältigender Erfolg. Leider gab es nur wenige Aufführungen, die letzte in dieser Saison stand in der vorigen Woche auf dem Programm; das Ballett soll in der nächsten Saison wiederaufgenommen werden. Um Eintrittskarten mußte man schon Wochen vorher kämpfen. Das Theater war tatsächlich bis auf den letzten Platz besetzt. Man sah auf der Bühne eine Kombination von klassischem Tanz und sparsam eingesetzten Filmaufnahmen, daß man sich wieder einmal fragte, warum der Film nur so selten auf der Bühne benutzt wird. Die Hebefiguren des Prinzen, der die Schwanenkönigin mit letzter Kraft über seinen Kopf stemmte, sahen eine Spur zu akrobatisch aus. Für mich beginnt der Genuß beim Ballett mit dem Getrippel und Getrappel der Tänzerinnen, mit dem Flügelschlagen der Engel und Dämonen, mit dem Füßestampfen der Männer. Wunderbar die großen Szenen, Festen etwa, wie es sie in »Schwanensee« gleich zweimal gibt, mit vielen Gästen, die umherwandern, das Champagnerglas in der Hand, hier ein Schwätzchen halten, dort wichtig flüstern – und offensichtlich nicht wissen, was sie eigentlich sagen sollen. Ich liebe die großen Gesten der Tänzer und Tänzerinnen beim Beifall: In der Staatsoper tobte das Publikum. Das Interessanteste dieser Aufführung war die Inhaltsangabe im Programmheft. Während bei anderen Aufführungen des Balletts der Inhalt stets verschleiert wird, eine etwas wirre Geschichte, ein Märchen eben, wird im Berliner Programmheft eine unverhüllt klare Sprache gesprochen: Es ist eine schwule Geschichte. Die Gefühle des Freundes Benno von Sommerstein für den Prinzen »gehen über die vertrauliche Verbundenheit zwischen engen Freunden hinaus.« Als nun die Schwanenkönigin auftaucht und mit ihrem verführerischen Geflatter den Prinzen in tiefe Verwirrung stürzt, steigert sich die Eifersucht des armen, zurückgewiesenen Benno von Sommerstein zur Raserei, die letztlich zur Ermordung der Schwanenkönigin führt. Beim Beifall hielt sich der Tänzer des Benno von Sommerstein bescheiden im Hintergrund, und auch der Applaus ebbte bei seinem Erscheinen merklich ab. Nur einer klatschte wie rasend für den Tänzer; er rief »Bravo, bravo!« – War ich das am Ende?

*

Der Rheinländer ist nun schon suchend durch sechs bis sieben Berliner Supermärkte gewandert. Er sucht nach einer Packung Maggi- oder Pfanni-Kartoffelflocken für Reibekuchen. Den Freunden darf er von seiner geheimen Leidenschaft nichts erzählen: Erstens tritt er gern als Gourmet auf, zweitens gilt der Genuß dieser Kunstlebensmittel als unverzeihliche Geschmacksentgleisung, während er doch tatsächlich behauptet, mit Ei und frischen grünen Kräutern sei der Geschmacksunterschied zu Reibekuchen aus geriebenen Kartoffeln nur minimal. Der Hohn der Freunde ist überflüssig. Denn es gibt in Berlin keine Kartoffelflocken für Reibekuchen, weder bei Meyer noch in der vielgerühmten Lebensmitteletage des KaDeWe. Einmal fand er fertig gebratene Reibekuchen in der Tiefkühltruhe, die man, wenn es nach der Ordnung ginge, nicht einmal Reibekuchen nennen dürfte. Und so eine reibekuchenlose Stadt will jetzt Hauptstadt werden.

Pina Bausch im Orden Pour le Mérite

Im Großen Saal des Schinkelschen Schauspielhauses am Gendarmenmarkt in Berlin fand in Anwesenheit des Bundespräsidenten und des Regierenden Bürgermeisters eine öffentliche Sitzung des Ordens Pour le Mérite statt. Üblicherweise finden diese Sitzungen in einem Saal in Bonn statt, der vierhundert Zuschauer faßt. Hier in der klassizistischen Pracht waren es fast zweitausend Besucher, Eminenzen, Exzellenzen, Magnifizenzen. Man erhob sich schweigend, als die meist greisen Ordensmitglieder und die Ehrengäste durch den Mittelgang den Saal betraten. Der Kanzler des Ordens, der Molekularbiologe Hans Georg Zachau, zeigte sich in seiner Begrüßungsrede beeindruckt von der feierlichen Atmosphäre, die der Raum vermittelte. Der Saal selbst spiegelte das Wohlwollen der illustren Versammlung mit stolzem Glanz. Die Roben der Damen hatten es schwer, gegen ihn zu bestehen.

Soll keiner sagen, Berlin sei allzu zurückhaltend in der Mode. Auf diesen Nachmittag hatten sich die Damen jedenfalls gut vorbereitet. Zwar war das bescheidene kleine Schwarze vorherrschend, vielen dieser Kostüme sah man jedoch an, daß sie von erstklassigen Schneidern genäht worden waren. Daneben gab es Umhänge aus sich beulender Atlasseide, gewagte Schlitze in den Kleidern und Hüte wie auf der Rennbahn. Ein Hut sah aus wie ein zerbeulter, übergroßer, mit Blumen geschmückter Zylinder; ein anderer war ein malvenfarbener Strohhut mit breitem Rand, dessen Pfiff in seiner hochstehenden, stets wippenden Feder bestand.

Drei Ordensmitglieder waren seit der letzten Sitzung des Ordens gestorben. Für Stephan Kuttner, Alexander Lord Todt und Charles B. Huggins sprachen Horst Fuhrmann, Albert Eschenmoder und Wolfgang Gerok Gedenkworte. – Der Schweizer Biologe Walter Jakob Gehring hielt den Festvortrag, »Die Entwicklung und Evolution des Auges: Ein Blick in die Werkstatt der Gene«. Es ging um die Augen der Taufliege Drosophila im Vergleich zu den Augen von Mäusen und Menschen. Der Saal war abgedunkelt worden. Auf einer großen Leinwand sah man die Modelle von Genen und Aminosäuren in wechselnder Folge. Gehring präsentierte seine Augenvergleiche zwar mit Witz und Temperament, aber je mehr Modellbilder man sah, um so unverständlicher wurde der »Blick in die Werkstatt«, so daß am Ende fast alle Zuhörer gegen ein Einnicken kämpften; und längst nicht jeder bestand in dem Kampf. Wach hielt vor allem die verpflichtende Vornehmheit der Veranstaltung. Die Feder auf dem Hut der Dame wippte in der Aussendung rätselhafter Signale. Großer Beifall dankte dem Redner.

Höhepunkt der Sitzung war die Überreichung der Ordenszeichen an die drei neu gewählten Ordensmitglieder. Die Laudatio auf Pina Bausch hielt der Architekt Peter Busmann. Das klang ein wenig flach und dilettantisch. Pina Bausch habe das Ballett von Konventionen befreit, einen eigenen Stil begründet, man bekomme schwer Karten zu ihren Vorstellungen und so weiter, man geniert sich fast, solche Allerwelterkenntnisse weiterzugeben. Denn diese Charakterisierung trifft in Wirklichkeit auf viele Choreographen und Choreographinnen gleichermaßen zu, auf William Forsythe zum Beispiel und viele andere, die alle nicht in den Orden Pour le Mérite aufgenommen worden sind. Gerade im Falle Pina Bausch hätte es einer ideenreicheren Analyse bedurft, um das Besondere ihres Tanzes deutlich zu machen. Pina Bausch, die erst vor drei Wochen mit dem Theaterpreis der Stadt Berlin ausgezeichnet worden war, bedankte sich mit schlichten Worten für die Ehrung. Ohne daß sie es beabsichtigte, sondern weil der Tanz ein untrennbarer Teil ihrer Persönlichkeit ist, gerieten ihr die Schritte und Gesten auf der Bühne zu einem veritablen Tanz. Pina Bausch und die Sängerin Elisabeth Schwarzkopf sind übrigens die beiden einzigen Damen unter den insgesamt vierundsechzig Ordensmitgliedern.

Der Germanist Albrecht Schöne sprach die Laudatio für den Germanisten Peter von Matt. Auf der Rückseite des Ordens, sagte Schöne, ist noch Platz für die Eingravierung der Namen von zwei Nachfolgern, und vor dem Namen des neuen Mitglieds stehen seine Vorgänger. Der letzte von ihnen sei derjenige, für den Peter von Matt die Gedenkrede gehalten habe: Elias Canetti. – So würdig sich der Orden an der Brust der Ordensmitglieder ausnimmt, so kurios wirkt die glänzend blaue Seidenschleife, die offensichtlich zur würdigen Tracht dazugehört, eher aber an den Anzug von Big-Band-Mitgliedern erinnert.

Der Physiker Heinz Maier-Leibnitz hielt die Laudatio auf den Physiker und Nobelpreisträger von 1961, Rudolf L. Mößbauer. Maier-Leibnitz war einst der Doktorvater von Mößbauer.

Damit war die Sitzung beendet. Wieder erhob man sich zum Auszug der Ordensmitglieder durch den Mittelgang. Still dankte man dem Geist der Veranstaltung, daß keinerlei Quartett oder sonst eine Musik gespielt worden war. Die Feder auf dem Hut der Dame wippte aufgeregt.

Schlamperei mit und ohne Pfiff

Sonntags sitzt der Besitzer einer ziemlich teuren Berliner Mode-Boutique auf einer Café-Terrasse im Tiergarten und taxiert die Kleidung der vorübergehenden Spaziergänger. Die Shorts und T-Shirts einer Familie, Vater, Mutter, Kind, veranschlagt er auf »noch keine hundert Mark« und wird dabei so zornig, daß ihm der Marzipankuchen nicht mehr schmeckt und er das unschuldige Tortenstück mit der Gabel auf dem Teller hin- und herschubst: »Davon können wir nicht leben!« Es folgt das Klagelied aller Berliner Händler, die darin Übung haben und die seit der Wende noch lauter singen.

Merkwürdigerweise sind es die Berliner selbst, die sonst keine Gelegenheit auslassen, ihre Stadt zu preisen, die den Berlinern jedes Gefühl für Mode absprechen. Das wird draußen gierig aufgenommen, und wie ein Echo schallt es zurück: Berlin sei die Stadt der Trainingsanzüge und der schlampigen, geschmacklos zusammengesuchten Kleidung in jeder Beziehung. Das ist falsch und richtig zugleich.

In München, Hamburg und Düsseldorf kleidet man sich bewußt seriöser. In Köln und Frankfurt dagegen, den beiden Städten, die Berlin – zwar nicht in der Dimension, wohl aber in der Atmosphäre – am nächsten kommen, ist das Modebild mit dem von Berlin durchaus vergleichbar, bis auf einen Unterschied allerdings: Die Qualität der Kleidung ist höherwertig. Daß die Leute in Ostberlin ärmer sind, mag einer der Gründe sein. Stets tragen sie die Billig-Versionen. Kühne Soziologen behaupten gar, daß die Westberliner gleichfalls die Billigkleidung bevorzugen, habe damit zu tun, daß man sich vor den Ostberlinern nicht hervortun möchte. Das unterstellt den Westberlinern allerdings ein so gutes Herz und ein so inniges Gemüt, daß es schwerfällt, daran zu glauben.

Die zusammengesuchte Billigkleidung, die das Gegenbild der gleichsam offiziellen Hochmode ist, hat eher einen anderen Grund. Roland Barthes macht auf den Unterschied zwischen der in Modezeitschriften abgebildeten Kleidung und der wirklich getragenen aufmerksam. Er spricht von »geschriebener Kleidung«, der ersten und der zweiten. Von Bedeutung ist ausschließlich die zweite. Sie beherrscht nicht nur das Modebild in den Straßen, sondern sie bestimmt auch die Zeitschriftenmode. Das Vorbild der wirklich getragenen Mode ist nicht die Mode von oben, vielmehr spüren die Designer den Mode-Tendenzen auf der Straße nach. Die Straßenmode ist für viele eine Zumutung, aber es macht gerade die Mode aus, Gesetze nicht gelten zu lassen.

Verglichen mit anderen Metropolen, Paris, London – New York läuft außer Konkurrenz –, ist festzustellen, daß die Neigung zur Schlamperei, die Schlabberkleider, Schlabberjacken, zum Leidwesen des Handels fast weltweit verpflichtend ist. In Paris jedoch ist die Schlamperei bewußt, gezielt und hat Pfiff. Die viel zu weiten Jeans sollen zum Beispiel auf die Schlankheit ihrer Träger hinweisen. Die betonte Nachlässigkeit soll andeuten: Ich bin so beschäftigt; ich kann mich nicht auch noch um gebügelte Hemden kümmern. Man muß sich im Winter nur einmal ansehen, wie unbekümmert Pariser und Pariserinnen mit ihren zum Teil recht teuren Mänteln umgehen: Sie werden im Café achtlos auf einen Stuhl oder in einen Korb gestopft. Alles ist zerknautscht, verstaubt, gleichsam edel verstaubt – und keiner schert sich darum. Im Sommer besteht eine unverkennbare Tendenz zu »leichter Kleidung«, wie es heißt, in Wahrheit bedeutet das wenig Kleidung. Die Mädchen ziehen sich immer weiter aus.

In einer Modenschau in der Berliner Diskothek »Metropol« am Nollendorfplatz wurden kürzlich »die Modelle Pariser Spitzenmarken«, wie es hieß, gezeigt. Man hatte angenommen, bereits der Ort, die Location, wie man heute sagt, sei verrückt genug, den letzten Pariser Schrei zu zeigen. Ein Irrtum. Man sah lediglich in einer müden Show brave, »tragbare« Hausfrauen-Modelle. Es fehlten die langbeinigen Modelle der Pariser Schauen, es fehlte die zügige Musik, das Tempo, der Schliff. Obwohl die Marketingleute nach wie vor mit dem schrägen Berlin-Bild werben, macht der Beobachter einen Zug ins Biedere aus.

Das ist ein Ergebnis der Geschichte. Die einstige Modestadt Berlin besteht nicht mehr. Das Textilgewerbe, das vor dem Krieg den Rang der Modestadt Berlin begründete, war ausschließlich in jüdischer Hand. Die Nazis setzten dem ein Ende. Es gibt keinen Gewerbezweig, in dem das Wirken der Nazis für die Wirtschaft der Stadt schlimmere Folgen hatte. Nach dem Krieg gab es noch einmal eine kurze Wirtschaftswunder-Blüte der Mode; der Name des Modeschöpfers Heinz Oestergard ist dafür zum Symbol geworden. Dann folgte die Zeit der öffentlichen Berlin-Förderung. Auch die Mode, ihr Gepränge und ihre vielfältigen Präsentationen wurden subventioniert. Eine Scheinblüte. Aber im Gefolge dieser offiziösen Mode entwickelten sich die kleinen, verrückten, schrägen, jungen Marken. Mit der Wende war es damit allerdings von heute auf morgen zu Ende. Im Gegensatz zu Paris, wo Lebensart, Mode und Haute Cuisine, Kulturstatus haben, öffentlich gefördert und von der Prominenz mit Wohlwollen betrachtet werden, wurde Mode in Berlin plötzlich mit einer Art Verachtung behandelt. Kein Mensch käme auf den Gedanken, die Metallkleider von Paco Rabanne als Kleider zu betrachten. Es sind Kunstwerke und Zeitdokumente. Aber in Berlin fehlt dafür der Sinn. Die Mode hält sich dagegen an eine sympathische Wurstigkeit, die auf ihre Art Vorbildcharakter hat. Auch der Handel übrigens muß sich erst daran gewöhnen, die »Modestadt« auf eigene Rechnung zu betreiben.

Es sieht nicht ganz so schlimm aus, wie notorische Miesmacher verkünden. Dem Textilhandel geht es insgesamt schlecht. Aber in Berlin gibt es immer noch eine Reihe von Marken mit Geltung. Es gibt immer noch die kleinen Ateliers, in denen Neues aus Altem geschneidert wird. Es gibt die sehr aktive Modeabteilung in der Hochschule der Künste, und es gibt dort Vivienne Westwood, die ihren Studenten Mut zum Originellen macht.

Die Berliner Luxusgeschäfte, meist in den Nebenstraßen, warten nun alle auf die Ministerialratsgattinnen und auf die Frau des Botschafters von Vanuatu. Wer wird künftig das Kanzlers graue Hosen liefern? Bei einer gesellschaftlichen Veranstaltung kürzlich trug eine Dame einen Umhang aus tintenblauer Atlasseide, die sich beulte wie das Sonntagsgewand eines römischen Kurienkardinals, während der Herr unter dem Smoking ein Unterhemd aus weissem Doppelripp trug. Das war ein Signal zum Aufbruch.

Der Morgen ist da

Die meisten Patienten, die eine Arztpraxis aufsuchen, leiden unter Schlafstörungen. Sie können nicht einschlafen. Sie können nicht durchschlafen. Sie schnarchen, daß sie keine Luft mehr bekommen. Sie sind am Tage schläfrig und unaufmerksam. Viele Arbeitsunfälle am Tage gehen auf das Konto des Dauerwachens in der Nacht. Viele Patienten mit Schlafstörungen leiden unter hohem Blutdruck, so daß die Schlaflosigkeit sogar zum Tod führen kann. Dennoch stehen die meisten Ärzte dem Schlafproblem mit verblüffender Hilflosigkeit gegenüber, obwohl vieles an dem Thema gelöst ist, wie der Präsident der Deutschen Gesellschaft für Schlafforschung und Schlafmedizin (DGSM) erklärte. In Berlin fand jetzt der fünfte Kongreß der Schlafgesellschaft statt.

In der Bundesrepublik bestehen über einhundert gut eingerichtete Schlaflabore; dennoch gebe es »strukturelle Defizite«. Erstens müsse man drei bis vier Monate warten, um einen Platz in einem solchen Labor zu bekommen. Zweitens sei die Behandlung mit einem Atmungsunterstützungsgerät recht teuer, einer dieser Apparate kostet etwa viertausend Mark. Drittens beginne der wichtigste Teil der Behandlung, wenn der Patient zu Hause allein mit seinem Gerät sei. Die Maske sieht, mit Verlaub, furchtbar futuristisch aus, ein Netzhelm mit einem dicken Schlauch auf der Nase. Auf einer Anzeige des Tagungsprogramms sieht man einen schlafenden Mann mit dieser furchterregenden Maske, während eine hübsche blonde Frau an seiner Brust ruht. In Wirklichkeit kann man sich die Szene kaum vorstellen, denn man muß wissen, daß das Gerät zu seinem schrecklichen Aussehen auch noch die ganze Nacht hindurch Kühlungsluft säuselt.

Leider konzentrierte sich der Kongreß weitgehend auf die Patienten mit Atemnot. Über die anderen Gründe für Schlafprobleme war wenig Konkretes zu erfahren. Natürlich schimpften die Doctores über die Schlafpillen. Aber siehe da, im Programmheft der Tagung waren alle Mittelchen wieder versammelt, »nachts gut schlafen, morgens gut fühlen«, die Pillen liefern Schlaflosigkeit und Verwirrung gleich mit, und sie geben der Pharma-Industrie Gelegenheit, als Sponsor wieder ein gutes Werk zu tun. Die Ärzte schimpften auch auf den abendlichen Alkoholgenuß, der einer der Hauptgründe für die Atemnot sei.

Aber wer kümmerte sich um die nüchternen Schlaflosen? Sie drehen sich hundertmal im Bett. Sie sinnieren ohne Unterlaß, oft über die immer gleichen Geschichten, und sie haben Angst davor, im Schlaf das Leben zu verpassen. Sie wandern durch die Wohnung, hängen hier ein Bild gerade, bauen da die Bibliothek um. Der Junge weckte einst seinen im gleichen Zimmer schlafenden Bruder, nur damit dieser mit ihm wache. Die Schlaflosen beobachten die einsame Straße. Keiner leidet mit ihnen. Sie gehen vom Bett zur Liege – Thomas Mann liebte seinen Schlafstuhl, in dem er sich selbst aufregende Rezepturen verordnete. Freudig erkennen die Schlaflosen einen Lichtstreifen unter der Tür, wie der junge Proust notierte. »Gottlob, der Morgen ist da!« Doch ach, das Licht verlöscht, wird ausgeschaltet: Jetzt war erst Mitternacht. Manch einer der Schlaflosen erinnert sich der frivolen Reden einer Krankenschwester: »Sie brauchen kein Mittel. Sie brauchen auch nicht zu schlafen. Lesen Sie doch. Schreiben Sie doch. Halten Sie doch ein Schwätzchen mit mir. Wenn Sie lange genug wach sind, schlafen Sie von selber ein.«

Der Präsident der DGSM nahm indes Anstoß an der Berlin-Werbung in seinem Hotel, wo Berlin sich als »schlaflose Stadt« feierte. Wer es sich leisten kann, die Nacht zum Tag und den Tag zur Nacht zu machen, braucht vermutlich kein Schlafmittel. Man wandert durch die Straßen und fühlt sich dazugehörig. Die Schlaflosen sind die Bannerträger eines ruhelosen nervösen Geschlechts.

Café Voltaire

Die jüngste Neuerwerbung im Café Voltaire ist ein Bambusbrunnen zwischen Zimmerpalmen. Der Brunnen ist ein Spiel von Wasser, Schwerkraft und Gleichgewicht: Wasser tropft versteckt in ein Bambusrohr, das, wenn eine bestimmte Menge Wasser darin ist, umkippt und das Wasser zwischen Steine gießt. Zwar paßt der Brunnen überhaupt nicht zu der übrigen, eher nüchternen Ausstattung des Cafés, aber zur Zeit läuft er zum Entzücken der gesamten Kundschaft. Tatsächlich tropft das Wasser nicht, sondern es läuft, so daß das Rohr gar nicht schnell genug umkippen kann. Bei längerem Aufenthalt im Café kann das den Gast nervös machen.

Das Café Voltaire am Stuttgarter Platz in Berlin-

Charlottenburg – das Bild des Dichter-Philosophen ist, in Glas geschnitten, an der Eingangstür zu sehen – kann nicht mit seiner Lage renommieren. Das Viertel ist, rundheraus gesagt, eine Bordellgegend zweiter oder gar dritter Klasse. Die Qualität des Cafés besteht vielmehr in seiner bunten Kundschaft und darin, daß es vierundzwanzig Stunden, also rund um die Uhr geöffnet hat. Man kann, wenn man will, auch nachts um drei Uhr noch frühstücken, was niemanden wundern würde, denn im Café Voltaire ist man an alle Verrücktheiten gewöhnt.

Um fünf Uhr kommen die Prostituierten aus den benachbarten Häusern zum Frühstück. Sie sind etwas schrill und laut und aufgedreht. Die graue, schwer lastende Nacht hat sie noch nicht entlassen. Sie lachen und reden durcheinander in allen Zungen Europas, Afrikas und Asiens. Sie bestellen riesige Frühstücksplatten samt mehreren Sorten Müsli. Alle Platten sind mit frischem Obst überreich garniert, und immer gibt es frische, knusprige Brötchen, im Ofen aufgebackene Croissants und Toast mit viel zu viel Butter.

Ab und zu kommen auch die Zuhälter. Sie sehen schlecht gelaunt dem fröhlichen Frühstück zu. Sie tragen die übliche goldene Rolex-Uhr und spielen mit ihrem Autoschlüssel. Um sechs Uhr kommen die Taxifahrer, die Nachtdienst hatten und nun, bevor sie zum Schlafen nach Hause fahren, erst einmal frühstücken. Um sieben Uhr kommen die ersten Studenten und Studentinnen, die sich einen möglichst großen Einzeltisch suchen, nur einen Milchkaffee bestellen, dazu Bücher lesen, die sie wie eine Festung um

sich herum aufbauen, oder an ihrer Arbeit weiter-
schreiben: Das Motiv des Regens im Werke von
Brecht, eine ungemein wichtige Frage, oder: Die
Wirtschaftlichkeit in Krisenzeiten. Um acht Uhr
kreuzen tatsächlich die ersten Touristen aus dem
zum Café gehörenden Hotel auf, fröhliche Ruck-
sackreisende aus Großbritannien, die nach Berliner
Abenteuer Ausschau halten, oder schwäbische Familien mit Kindern samt Schwiegermutter, die sich un-
tereinander angiften wie feuerspeiende Schlangen.

Das Mädchen, das bedient, eine aparte Schönheit
mit langer Pferdeschwanzfrisur, ist gleichbleibend
freundlich zu jedem. Sie bedient mit fast unglaubli-
cher Geschwindigkeit; sie kennt ja fast jeden hier und
weiß immer im voraus, was der einzelne bestellt.
Zwischendurch hat sie auch noch Zeit für ein
Schwätzchen hier und da. Kommt einer früher oder
später als sonst, sie registriert es: »Wo waren Sie
denn? Ich habe Sie vermißt.« Ihre Herzlichkeit ersetzt
ein ganzes Seminar für Kundenwerbung und Ver-
kaufstechnik: Denn es ist schön, von einem vermißt
zu werden.

Nachts Lyrik

Nach der Lesung des dritten Dichters leerte sich bereits der Saal, und die Schlange vor dem Getränke-
und Speisen-Buffet draußen im Garten wurde immer länger. Wie immer, wenn es in Berlin feierlich
wird, gab es bayerischen Leberkäse. Die sechste Berliner Sommernacht der Lyrik war ein Publikumser-

folg. Während die Verlage in monotonem Dauerge-
sang wie eine tibetanische Gebetsmühle die Klage
über die Nichtverkäuflichkeit von Lyrik wiederholen,
drängen sich die Zuhörer und Zuhörerinnen zu Ly-
riklesungen, die, wie schon in den fünfziger und
sechziger Jahren, gern mit einer Prise Jazz verbrämt
werden. Die Gedichte, die oft von Einsamkeit handeln, scheinen erst im öffentlichen Vortrag ihre Berechtigung zu finden. Es sind effektvoll inszenierte
Geständnisse wie in einer Talkshow des Fernsehens:
Auch Dichter müssen sich verkaufen. Die Teilnahme
an Lyrikveranstaltungen gilt seit eh und je als Ausweis avantgardistischer Bildung. Was konnte man in
dieser dionysischen Berliner Sommernacht des Christopher Street Days mehr für seinen Ruf tun, als ge-
bräunten Leberkäs' zu essen, dünnes Bier zu trinken
und trotzig stillen Gedichten zu lauschen? Die ge-
setzten Dichter trugen Anzüge wie der zweite Direktor einer Filiale der Stadtsparkasse – neben den fünfzehn Dichtern las nur eine Dichterin; die anderen
Dichterinnen hatten mit der Begründung abgesagt,
sie seien für diese Nacht bereits ausgebucht.

Zuerst trug ein Sprecher des Veranstalters, der Li-
teraturWerkstatt Berlin-Pankow, ein ausgetüfteltes
Sprachwerk über den tariflichen Ost-West-Ausgleich
vor, um den man im vorigen Jahr noch habe kämpfen müssen, der aber in diesem Jahr gewährt worden
sei. Das Werk, in das einige Verbeugungen an den
verehrten Herrn Senator, der in der ersten Reihe saß,
eingearbeitet waren, verstand zwar niemand, aber
alle wußten, daß sie gerade ihm diese Nacht verdank-
ten. Es traten nicht nur deutsche Dichter auf, son-

dern auch Dichter aus Österreich, aus Irland, Däne-
mark, Schweden, Polen und aus der Schweiz. Alle
Dichter trafen schon in den ersten Wörtern den für
Lyrik offenbar verbindlichen Klageton, daß die Stimme bebt, sie bebt auch im Geiste, wenn sie gerade
einmal nicht bebt – exakt wie die fetten westlichen
Enten, von denen ein ehedem ostdeutscher Dichter
erklärte, daß sie weder schwimmen noch untergehen
können. Der Pole Adam Zagajewski erhielt für die
scharfsinnigen Beobachtungen in seinen Gedichten
den stärksten Beifall, noch scharfsinniger aber waren
die hingeworfenen Sätze seines »Selbstporträts« über
seine langen, nächtlichen Wanderungen durch Paris,
wo er seit einigen Jahren lebt. Die Band »Schnaftl
Uffschik« spielte am Anfang und am Ende ein ein-
drucksvolles kurzes Stück, das den Namen trug: »Der
kleine Zirkus«.

Der Quergänger

Über F., der heute nur noch selten auftritt, soll endlich die Wahrheit gesagt werden. Eine barsche Zu-
rechtweisung im Foyer des Stadttheaters von Münster, ausgerechnet in Münster, hatte ihn hart getroffen. Er mußte einsehen, daß die hohe Kunst des
Quergehens, als deren Meister er sich fühlte, von der
Öffentlichkeit noch nicht verstanden werde. Jetzt
sinnt er über seinen Fall und hofft darauf, daß seine
Zeit bald kommt. Alles begann bei einer Buchmesse
in Frankfurt. Er beobachtete, wie der damals noch
recht rüstige Heinrich Maria Ledig-Rowohlt vor dem

Taxistand an einer etwa einhundertfünfzig Meter langen Schlange auf ein Taxi wartender Menschen vorbeiging, nicht nach rechts und nicht nach links sah, sondern nur das nächste Taxi im Blick hatte, während die Dame in seiner Begleitung mehrere Male laut rief: »Bitte ein Taxi für Herrn Ledig-Rowohlt! Wo ist das Taxi für Herrn Ledig-Rowohlt?« Man hatte die Situation kaum wahrgenommen, da stiegen die beiden schon in das erstbeste Taxi und fuhren los. Die Wartenden guckten dem Wagen sprachlos und mit offenem Munde nach, sahen sich gegenseitig an und schüttelten den Kopf. F. war ungeheuer beeindruckt. So muß man es machen. Rücksichtslosigkeit ist das Vorrecht der Vornehmen.

Er übte darauf im Rheinischen Landestheater in Neuss am Rhein. In der Pause ignorierte er die Schlange geduldig Wartender, ging zur Theke und sagte überlaut: »Haben Sie Hannen-Alt? Geben Sie mir eine Flasche!« Er bekam die Flasche Bier sofort, ohne Gegenrede. F. genoß das Bier wie die verblüfften Blicke der brav Wartenden und feierte seinen ersten Erfolg. In der Deutschen Oper am Rhein zu Düsseldorf war die Sache schon etwas schwieriger. Es gab nämlich mehrere Drängelnde. Alle reckten dem fleißigen Büffetier ihre Hand mit dem Geld entgegen und redeten ihre Bestellung durcheinander, Champagner, Bier, Limonade, Saft. Der arme kleine Araber am Büfett sah verstört auf die Hände und tat gar nichts mehr. F. wußte sofort: Nur lauter zu sein als die anderen, reicht hier nicht. Er ging an die Theke und sagte mit leiser Stimme, fast flüsternd laut – wie es früher nur Elisabeth Flickenschild konnte: – »Ich stehe hier schon fast fünfzehn Minuten, warum bedienen Sie mich nicht?«

Er bekam sein Glas Champagner sofort. Inzwischen hat F. eine Theorie des deutschen Quergehens erarbeitet. Es bedarf, wie beim Taxi-Rufen, einer gewissen Tappigkeit. Die dem Quergehen innewohnende Unverschämtheit muß gleichsam durch einen deutlichen Hinweis auf unerforschte Gebrechen ausgeglichen werden. So empfiehlt es sich auch, bei leisem Murren in der Schlange sich erstaunt, wie eben vom Himmel zurückgekehrt, nach allen Seiten umzusehen und, wenn man sein Getränk schon hat, auf keinen Fall vorher, überrascht zu murmeln: »Ach, Sie stehen hier alle an; entschuldigen Sie bitte.« In Berlin funktioniert das immer, in der Deutschen Oper, in der Komischen Oper, in der Staatsoper, sogar in der Philharmonie.

Der Triumph machte ihn übermütig, und er begann zu träumen von den wilden Büfett-Schlachten, die er schon in London und Paris bestanden hatte: Man nimmt den Teller und geht nicht linksherum, wie die Schlange, sondern rechtsherum, wie meistens nur F. Er nahm sich vor, unter der Überschrift »Rettet den Quergänger« eine Theorie des europäischen Quergehens zu schreiben. Aber dann kam Münster. F. wurde in der Pause eines mißlungenen Brecht-Abends mit beschimpfenden Worten an das Ende der Schlange verwiesen. Als er endlich an der Theke war, hatte er die Lust an dem Spiel verloren.

Ausgequixt

Auf allen U- und S-Bahn-Stationen, an Hauswänden und Plakatsäulen wirbt Quix. Es ist gleichsam ein digitaler Piepser, mit dem man einen Kreis von Telefonteilnehmern informieren kann, dieser oder jener möge in der Angelegenheit X zurückrufen. Die Werbung verkauft das Gerät wie ein Handy, ein Handy für Arme oder gar ein Kinder-Handy. Die Werbung richtet sich jedenfalls ausschließlich an junge Leute. Die Muster-Nachrichten lauten etwa: »Um 22 Uhr Party bei Christine!« oder »Alex, ich bekomme noch funf Mark von dir!« Zur Zeit ist in ganz Berlin zu lesen: » Tom, es ist aus. Kathrin.« Der arme Tom. Er ist Kathrin weder einen Brief noch ein Telefongespräch wert. Es gibt offensichtlich nichts mehr zu sagen. Vor allcm crfährt Tom nicht, warum es aus sei. Hat Kathrin einen neuen Freund, der vielleicht ein richtiges Handy hat? Hat Tom Mundgeruch oder Schuppen? Riecht er nach Schweiß oder riecht er gerade nicht nach Schweiß? Dabei hat Tom sich gerade bei Kathrin so sicher gefühlt. Aber nun hat ihn ein schnöder, gequixter Satz aus allen Himmeln geworfen. Die Glücklichen sind grausam. Nur eine glückliche Kathrin ist zu einem so mörderischen Satz wie »Tom, es ist aus« fähig. Oder ist das stundenlange, tagelange »Ausdiskutieren« völlig aus der Mode gekommen? Alles in allem hat es vielleicht viel Unheil angerichtet, abgestandene Beziehungen jahrelang verschleppt, Gründe für einen neuen Anfang oder auch Gründe für ein Ende in quälenden, endlosen Gesprächen »herausgearbeitet«. Aber es war doch eine selbstverständliche, menschliche Reaktion. Es legte zwischen den Entschluß zum Ende und dem tatsächlichen Ende die Zeit für einen sanften, unheimlich mächtig großen Abgang. Und kein Quix war dazwischengeschaltet. Dem armen Tom sollte man nun raten, auf jeden Fall um 22 Uhr zu der Party bei Christine zu erscheinen, Kathrin keines Blickes mehr zu würdigen – soll sie doch mit ihrem Quix glücklich werden – und sich eine neue Freundin zu suchen, am besten eine ohne Quix und Handy. Aber wie quixt man das? In zwei Zeilen?

Tag und Nacht geöffnet

Noch immer zeichnet sich die Hauptstadt Berlin durch gähnende Leere aus. Wenn sich die Touristen in ihre Hotels zurückgezogen haben, spätestens um Mitternacht, wird es im Bezirk Berlin-Mitte unten auf den Straßen zwischen den Häuserschluchten der Friedrichstraße oder Unter den Linden so still wie auf dem Dorf. Der einsame Spaziergänger in der kalten Pracht hört das Hallen seiner eigenen Schritte. Spricht er etwa mit einem Begleiter, dann wird der Ton seiner Stimme von den Spiegelglasscheiben der vorragenden und dennoch sinnlosen Gebäude rechts und links zurückgeworfen. Sollte er auf den verwegenen Gedanken kommen, nun, nach einer überlangen Theateraufführung, noch eine Kleinigkeit essen zu wollen, erlebt er die Hauptstadt in ihrem wahren Zustand: Es ist alles geschlossen.

In dem kleinen Bistro am Gendarmenmarkt werden gerade die Stühle auf die Tische gestellt. Bei Lutter & Wegner will uns der Kellner Getränke verkaufen, aber zu essen gebe es natürlich nichts mehr; er sieht uns an, als hätten wir ihm einen unsittlichen Antrag gemacht. In den Luxushotels »Adlon« und »Vier Jahreszeiten« erklärt man uns, daß die letzte Küchenbestellung um 23.30 Uhr angenommen werde. Der nette Italiener an der Ecke Kochstraße ringt verzweifelt seine Arme und sucht nach Worten, die Küche werde schon geputzt, »je suis désolé«, sagt er schließlich, was tröstlich wirkt, weil er uns offensichtlich für unvernünftige, mit deutschen Küchen-Allüren unvertraute Franzosen hält. Gewiß, auch um diese Zeit gibt es in Berlin noch genug zu essen. In Kreuzberg, am Prenzlauer Berg und in Charlottenburg um den Savigny-Platz herum sind die meisten Restaurants auch um diese Zeit noch geöffnet. Aber gerade hier ist es wichtig zu wissen, wo man hinwill, wenn man kein Vermögen an Taxikosten ausgeben will. Denn die öffentlichen Verkehrsmittel verkehren um diese Zeit nur noch sporadisch.

Man denkt an die Eigenwerbung der Stadt: »Berlin hat Tag und Nacht geöffnet«, und man kommt ins Grübeln. Erste Enttäuschung in Charlottenburg: Die »Paris-Bar«, die Zuflucht der letzten Nachtschwärmer, hat zur Zeit geschlossen. Ferien. Der sogenannte Betriebsurlaub erinnert an den Ausspruch einer Souvenirverkäuferin zur DDR-Zeit in Dresden, im August schließe sie ihr Geschäft. Nach dem Grund befragt, antwortete sie: »Ich will schließlich auch meinen Urlaub haben.« Die Haltung scheint sich ins angeblich kapitalistische Berlin herübergerettet zu haben. Ach, wenn der Einzelhandel und die Gastronomie der Stadt nur ein bißchen mehr kapitalistisch wären. Wir fanden schließlich ein französisches Restaurant in der Grolmanstraße, wo wir so herzlich empfangen wurden, als hätte man uns erwartet. Von der Suppe bis zur Nachspeise, wir hätten am liebsten jedes Gericht auf der Karte probiert. Nur der französische Kellner, ein Riese von Gestalt, sprach konsequent Deutsch mit uns, sosehr wir auch unser Sonntagsfranzösisch bemühten. Das war der einzige Mißklang in dieser Nacht.

Zwiesprache mit dem Mond

Edith von Freiberger schrie das Tierheim zusammen, raste die Wände hoch, daß alle anderen gefangenen Katzen entsetzt zusammenkamen und dem grausamen Spiel zusahen. Edith von Freiberger biß dem Wärter in den Finger, als dieser sie einfangen wollte zum Transport in eine Charlottenburger Wohnung. Doch kaum saß sie im Taxi, begann sie zu schnurren, leckte ihrem neuen Besitzer die Hand, die dieser zum Beweis seines Vertrauens in den Korb gesteckt hatte, und sah selbst den Fahrer mit verliebten Augen an. Abgesehen von den wenigen Gelegenheiten, zu denen sie standesgemäß die Contenance verliert, achtet sie strikt auf Würde. Sie stammt aus verarmten Landadel, hat ihre Ticks und ihre Eigenheiten, hält aber auf sich. Nie wird sie vergessen, daß ich sie aus dem Heim geholt habe. Denn die Jüngste ist sie nicht mehr, jetzt fünf oder sechs Jahre alt, ohne mich hätte sie wenig Chancen gehabt, das Heim je wieder zu verlassen. Sie dankt es mir mit Zuneigung.

Einst war sie vielleicht einem Kater versprochen – er war der einzige, dem sie es zugestand, sie Ditha zu nennen –, doch er betrog sie in einer warmen Sommernacht mit der vulgären Katze von nebenan. Seitdem hält sie sich an die Menschen, von denen sie weiß, daß sie die meisten von ihnen um den Finger wickeln kann. Ihre letzten Besitzer haben sie allerdings böse enttäuscht. Sie nannten sie »liebes, kleines Kätzchen« und gaben ihr den albernen Namen »Peggy«, doch schließlich brachten sie die Katze ins Tierheim, ihr Sohn bekomme von ihr eine Allergie. Dafür mußte sie an diesem plebejischen Ort warten und warten in einer Gesellschaft, die sie haßte.

Die echte oder vorgeschobene Allergie ist der häufigste Grund, warum Menschen kurz vor ihrem Urlaub Hunde und Katzen ins Tierheim bringen. In den meisten großen Städten gibt es mehrere Tierheime, in Berlin gibt es im wesentlichen nur das eine in Lankwitz, das der Tierschutzverein selbst betreibt. Das allerdings ist nahezu unvorstellbar groß. Über zweihundert Hunde und über zweihundert Katzen sitzen hinter Gittern und warten auf einen neuen Besitzer. Mit dem Vergeben der Tiere nimmt man es hier genau. So besitzt beispielsweise jede Katze eine ins Ohr eingestanzte Code-Nummer. Entwischt einem etwa das Tier, und man meldet sich nicht innerhalb von drei Tagen, muß man mit einer Anzeige wegen Tierquälerei rechnen. Denn dann wäre es ja klar, daß man auch nach drei Tagen noch nicht das Fehlen der Katze bemerkt habe oder daß man sie eventuell mit Absicht ausgesetzt habe. Einerseits kostet eine Katze fast nichts, rechnet man jedoch andererseits alle Impfungen, die Kastration und Untersuchungen dazu, mußte man für Edith von Freiberger etwa einhundertundfünf Mark bezahlen.

Dem Tierheim angeschlossen ist ein Tierfriedhof, viel kleiner als der berühmte von Paris oder der von Lissabon, aber viel herziger. Er ist tatsächlich einem Menschenfriedhof nachgestellt – mit Gedenksteinen und Gärtchen: »Der Kater Wendelin war unser Sonnenschein« ist auf einem Stein eingemeißelt. Berlin gehört zu den tierfreundlichsten Städten Europas. Früher sagte man, das sei ein Zeichen von Einsamkeit. Heute weiß man nicht mehr, was für ein Zeichen es sei.

Am Abend, nachdem der neue Besitzer Fräulein Freiberger nach Hause geholt hatte, bekam er in der Kneipe nebenan Krach. Er erzählte von der Katze. Die meisten hörten ihm gern zu, während ein akademischer Wichtigtuer sich hervortat und erklärte: »Tierhaltung ist ein typisches Unterschichtenproblem.« Es ging so weit, daß der Katzenbesitzer durch das Lokal brüllte: »Mit gleicher Berechtigung könnte ich auch sagen, Kinder seien ein typisches Unterschichtenproblem.« Daß an beiden Sätzen etwas dran sei, behielt er lieber für sich.

Den hellen Tag über schläft Edith von Freiberger, oder sie putzt sich, oder sie geht ein-, zweimal würdevoll durch die Wohnung. Lebendig wird sie erst am Abend, und nachts muß sie arbeiten. Sie sitzt auf dem Balkon und hält Zwiesprache mit dem Mond. Was für Träume. Was für innige Gebete. Obwohl sie dem Katzengeschlecht nichts abgewinnen kann, beobachtet sie doch gerne die Szene und bringt mit ihrem geheimnisvollen Gewisper alle Kater und Katzen der Nachbarschaft durcheinander. Am Morgen liegt sie erschöpft, alle viere von sich gestreckt, auf dem Sofa. Sie braucht jetzt ihren Schönheitsschlaf.

Die Braut trug Weiß

Der Wedding kann einem Neuberliner Flaneur angst machen. Es gibt hundert Bücher über den Stadtbezirk Wedding, tausend Reportagen in Zeitungen und Zeitschriften, der »rote Wedding«, die »Arbeiterstadt Wedding als Industriestandort, Siemens und Schering«, das »Elendsviertel Wedding«, »der Bezirk der Obdachlosen-Asyle«, »Wedding der Schläger und Kriminellen«, es sieht so aus, als seien Schriftsteller und Journalisten bemüht, die Weddinger Geschichten zu erhalten und weiterzutreiben. Steigt man am Leopoldplatz aus der U-Bahn und steht zwischen Schinkelkirche und Rathaus, verflüchtigt sich die Legende: Sie verzieht sich wie der Duft von kräftigem Parfüm über die Giebel schöner, gepflegter alter Bürgerhäuser. Wen interessiert es hier, wie es vielleicht früher war? Mit Kunst und Geschichte hat man im Wedding nicht viel im Sinn. Verglichen mit anderen Berliner Stadtbezirken, ist der Wedding, zumindest das Zentrum, bestimmt der sauberste, das richtige Wort wäre: der adretteste, verbunden vermutlich mit einer guten Portion kleinbürgerlicher Spießigkeit, in der auch heute noch so etwas Seltenes wie »Arbeiterstolz« herrscht. Nach den Plänen des Senats soll der Wedding demnächst mit dem Bezirk Prenzlauer Berg verbunden werden. Das paßt weder den Bewohnern des einen wie denen des anderen Bezirks. Denn in beiden Bezirken wird ein bestimmter Stil gepflegt, nur in beiden ein ganz anderer. Das zu erklären versagen die meisten eilfertigen Geschichtsschreiber. Denn die beiden Bezirke entwickelten sich bereits lange vor dem Mauerbau auseinander. (Der Prenzlauer Berg war das Berlin jüdischer Kleinbürger, Wedding war die Arbeiterstadt.) Jetzt am Wochenende war das Weddinger Bezirksfest, Markt und Rummel um das Rathaus herum und entlang der Müllerstraße, der Weddinger Einkaufsstraße. In der evangelischen Nazarethkirche wurde geheiratet. Die Hochzeitsgesellschaft stellte sich vor der Kirche zum Foto auf. Die Braut trug ein sich bauschendes Kleid aus weißem Tüll. Den Brautstrauß fing ein rothaariges Mädchen, dem die Sache nicht geheuer war. Der Bräutigam sah türkisch aus. Das Hochzeitsgeschenk stand, vertaut mit weißen Toilettenpapiergirlanden, vor der Kirche: ein weißer Mercedes 190E. Das Auto glänzte und blitzte in der Sonne, daß man nicht sah, ob es ein gebrauchtes war. Der Sonari-Chor sang vor dem Rathaus das »Chianti-Lied« und »Was eine Frau im Frühling träumt«.

»Wenn Sie einen richtigen Berliner Männerchor erleben wollen, müssen Sie zu uns kommen«, sagte die Frau an dem Stand. Befragt, was denn das für ein Chor sei, ob singende Busfahrer oder singende Bauarbeiter, fiel ihr zur Charakterisierung nichts anderes ein als zu sagen: »Das sind alles richtige Berliner.«

Tatsächlich fallen im Wedding die Ausländer weniger auf als in anderen Berliner Bezirken. Es ist der Bezirk der angepaßten Ausländer. Hier ist nichts mit Multikulti. Die Attraktion auf dem Markt waren Würstchen aus Pferdefleisch. An dem Stand gab es auch Esel-Salami. An einem anderen Stand bot ein Hanfbäcker aus Halle an der Saale Gebäck in allen Formen und Arten an. »Hanf ist der Stoff der Zukunft«, sagte er. »Warum also nicht auch als Gebäck«, fügte er rätselhaft hinzu.

Carmen tanzt vor der Mauer

Die East Side Gallery in Berlin, das letzte noch bestehende längere Stück der Mauer, 1,3 Kilometer entlang der Mühlenstraße schräg gegenüber dem Berliner Hauptbahnhof und direkt an der wie ein Riesenspielzeug aussehenden Oberbaumbrücke mit mittelalterlichen Ziegelsteintürmen wie aus dem Baukasten, ist arg heruntergekommen. 1990 war die East Side Gallery als Denkmal der Mauer gegründet worden. Einhundertachtzehn Künstler aus einundzwanzig Ländern bemalten, besprühten, bestempelten die Mauer auf beiden Seiten. Dabei entstanden einhunderteins Bilder. Aber von der Herrlichkeit sind nur noch dreiundsiebzig übrig geblieben. Die anderen sind von der Mauer abgeplatzt oder abgekratzt oder sonstwie zerstört worden. Von Anfang an, nachdem die erste Begeisterung der Vereinigung verflogen war, herrschte Streit darüber, wer eigentlich für die Erhaltung der Gallery zuständig sei.

Während vor einigen Monaten der Regierende Bürgermeister persönlich einen roten Strich auf die Straße am Checkpoint Charlie malte und in innigen Worten beschrieb, daß diese Linie in einem millionenteuren Verfahren durch Berlin führen und den Verlauf der Mauer symbolisieren sollte, ließ man die Originalmauer auf jämmerliche Weise verfallen. Bis heute ist es übrigens bei dem kurzen roten Strich des Bürgermeisters geblieben. Bei seinem Anblick ist einigen vielleicht doch der Gedanke gekommen, daß der Zustand der East Side Gallery kein Ruhmesblatt des Senats ist.

Immerhin fanden sich einige private Sponsoren, die sich der East Side Gallery annahmen, dabei aber immer noch auf eine Unterstützung des Senats hoffen. Das Freiberger Unternehmen Loba Bautenschutz stellte zum 13. August das erste restaurierte Bild vor. Das Bild heißt »Vaterland« von Günther Schäfer, ist elf Meter lang und 3,5 Meter hoch. Es ist eine Überspiegelung der deutschen und der israelischen Flagge und soll auf vertrackte Weise einen Bezug zwischen der sogenannten Reichskristallnacht am 9. November 1938 und der Maueröffnung am 9. November 1989 herstellen. Die Interpretation erscheint ziemlich plump und simpel; fast alle Bilder der East Side Gallery demonstrieren die gleiche flache Denkweise.

Das muß nicht dagegen sprechen. Aber man erinnert sich doch mit Wehmut vieler originaler Mauerbilder, deren Charakteristikum stets die Umsetzung einer spontanen, meist absichtsvoll provozierenden Idee war. Gegen diesen Freiraum der Kunst erscheinen die zur Hochkunst aufgemotzten Bilder der East

Side Gallery bürgerlich gezähmt. Die Mauer, die hier nur Hintergrund ist, hat in dieser »Dekoration« ihre einstige Bedrohlichkeit verloren.

Das Fest zur Vorstellung des restaurierten Bildes von Günther Schäfer mit Champagner, Berliner Büfett und Jazz-Musik balancierte als Veranstaltung zum 13. August hart an der Grenze des Unstatthaften. Das konnte auch der Vorsitzende der Jüdischen Gemeinde in Berlin, Andreas Nachama, als Festredner nicht ändern. Er sprach von Deutschland und seinen Verstrickungen in Schuld – man suchte das Thema seiner Rede in Schäfers Bild vergebens. Daß auch die Mauer indirekt ein Ergebnis dieser Verstrickungen sei – Trivialitäten eines Festvortrags im Hochsommer.

Einer aus der Künstlergemeinde, dessen Mauerbild demnächst auch restauriert werden soll, fiel vor allem durch seinen Kopfputz auf, der aus zwei Löffeln und einer Gabel bestand, auf der eine Plastikbanane aufgespießt war. Bevor die angekündigte Performance von Günther Schäfer mit der Tänzerin Carmen begann, ging der Berichterstatter. Die graublaue Dämmerung über der Spree war wunderschön.

Flaneur in Mitte

In der noblen Hotelbar, Berlin-Mitte, spielte ein Mädchen mit schwarzen Haaren Cello, daß das Herz der Zuhörer zu klopfen begann. Der grauhaarige Alte am Piano, Basso continuo, gab ihrem Spiel nur dann und wann Akzente. Mignon mit ihrem Vater. »Dein ist mein ganzes Herz«, spielte sie. Die Zuhörer klingelten nervös mit den Eisstückchen in ihren Gläsern. Die Melodie zog sie fort. Sie konnten sich nicht dagegen wehren. Die Bar sank hin in inbrünstiger Sehnsucht, daß man sich wünschte, in der Musik zu versinken, und die Melodie möge nie, nie enden.

Für den Flaneur, der von weither gekommen ist, war der Name Berlin-Mitte von Anfang an verstörend und erregend. Bisher hatte er angenommen, die Mitte von Berlin sei um die Gedächtniskirche und um den Bahnhof Zoo herum. Doch schon nach seinem ersten Besuch in Mitte, das Brandenburger Tor, Unter den Linden, Friedrichstraße, Gendarmenmarkt – allein diese Namen! –, war er wie betrunken von dieser für ihn neuen Stadt und bezog die benachbarten Bezirke Prenzlauer Berg, Lichtenberg, Hohenschönhausen gleich mit ein in seine Ostbegeisterung. Die Westberliner wollten es nicht glauben. Du am Oranienburger Tor. Oder: Du am Rosa-Luxemburg-Platz, sagten sie und schüttelten den Kopf über solche Verrücktheit; sie gruselten sich fast davor. Der Altberliner Taxifahrer, vor zwei Jahren jetzt, mit dem er zur Museumsinsel fuhr, hatte keine Ahnung, wie man dahin kommt. Der Spaziergänger mußte ihn, mit dem Stadtplan in der Hand, durch kleine Straßen mit ruinenartigen Häusern rechts und links dirigieren. »Den Weg sollten Sie sich merken,« sagte der Passant. »Der Osten interessiert mich nicht«, grummelte wütend der Taxifahrer. »Er könnte aber Ihre Kunden, die Touristen, interessieren«, sagte der Taxikunde.

Seitdem ist er oft in Mitte auf Entdeckungsreise gegangen. Natürlich kennt er die großen Theater, Museen, Bibliotheken, die Baustellen der künftigen Regierungsbauten, auch den »Tränenpalast«, den Friedrichstadtpalast und das »Metropol«, die Kaufhäuser, die Repräsentationsbauten wie das Deutsche Schauspielhaus, den Dom, der sich auf geheimnisvolle Weise verdoppelt und verdreifacht, aber wie überall in Berlin spielt sich auch in Mitte das Leben in den Nebenstraßen ab.

Als erstes wollte er wissen, wo die sagenhafte Friedrichstraße beginnt und endet. Im Süden führt sie tatsächlich über den Checkpoint Charlie hinaus bis zum Mehringplatz und dem Halleschen Tor. Eine Kleine-Leute-Wohngegend mit kleinen Geschäften für den abendlichen Einkauf. Nach Norden hin wird sie dann immer prachtvoller, sie steigt auf und sinkt hinter dem Bahnhof Friedrichstraße wieder ab. Daß die Gegend um die Kochstraße herum einst das Pressezentrum gewesen sei, wie überall zu lesen ist, kann man sich kaum vorstellen. Ob die Neubauten der Kaufhäuser entlang der Friedrichstraße zwischen den U-Bahn-Stationen Stadtmitte und Französische Straße gelungen sind, darüber läßt sich lange streiten. Sie haben etwas Protziges, Unberlinisches. Aber damit es Stoff zum Streiten gibt, ist es zunächst einmal gut, daß es sie gibt. Hinter dem Bahnhof Friedrichstraße – eine heillose Baustelle, von der der Flaneur nur hoffen kann, daß es einen Architekten gibt, der dem Durcheinander ein System gibt – und auch schon um den Bahnhof herum ist noch alte DDR. Es ist grau, zerbrochen, Vorkriegsbilder von Berlin, zwischen denen ein paar phantasielose Neubauten vollends lächerlich, gar abstossend und obszön wirken.

Im Norden endet die Friedrichstraße am Oranienburger Tor und führt dann weiter als Chausseestraße. Dort findet man den Dorotheenstädter Friedhof, wo alle einstigen DDR-Größen begraben liegen, Politiker, Schriftsteller, Philosophen, Heiner Müller, Bertolt Brecht und Helene Weigel, Ruth Berghaus, auch Hegel, Schinkel, und weiter noch das ehemalige Stadion der Weltjugend, auf dem ein findiger Unternehmer nach der Wende einen veritablen Golfplatz angelegt hat, ein Kuriosum mitten in der Stadt. Der Höhepunkt der Friedrichstraße ist jedoch ein Blick in die Oranienburger Straße, wo man die pittoreske Rückseite des Kunsthauses Tacheles sieht, eine gleichsam unbearbeitete Ruine aus dem Zweiten Weltkrieg, um die es einen Dauerstreit zwischen den Künstlern des Tacheles und dem Bauamt gibt. Die Oranienburger Straße ist inzwischen ein touristisches Muß, obwohl die Cafés gegenüber dem Tacheles arg »müsli« sind, dazu allerdings ein knallbuntes Jugendpublikum bieten. Die Oranienburger Straße führt zur Synagoge mit der Goldkuppel und zum Hackeschen Markt. In den kleinen Geschäften entlang der Rosenthaler Straße kennt er sich inzwischen besser aus als auf dem Ku'damm, weil sie mehr eigenen Stil haben und gar nichts von dem Allerwelts-Glitzerglanz der Ku'-damm-Geschäfte.

Zur häßlichsten Straße von Berlin-Mitte hat er in Gedanken die Torstraße erklärt, die früher Wilhelm-Pieck-Straße hieß. In den Nebenstraßen aber brodelt das Leben. Musikcafés im Keller, kleine Handwerksbetriebe hinter Schuttbergen, überall wird gebaut, renoviert. Ich liebe alte Giebelfenster, uralte Haustüren. Ich hasse die gnadenlose Sanierer. Da alle Kassen leer sind, besteht die Hoffnung, daß das Alte noch eine Zeit erhalten bleibt.

Enthüllungen

Berlin hat gerade den Enthüllungsroman entdeckt. Vorige Woche wurde fast täglich ein neues Buch dieser Gattung präsentiert. Witzig scheinen die Bücher vor allem für die Betroffenen oder für die Insider zu sein, die sowieso Bescheid wissen. Sie kichern und amüsieren sich wie unartige Pennäler, vor allem, wenn es im Klappentext heißt: »Ähnlichkeiten mit lebenden Personen sind zufällig.« Unter dem Titel »Hauptstadt-Roulette« legt die Berliner Journalistin Eva Schweitzer einen Schlüsselroman über Berliner Bauskandale vor. Aber es geht auch um die sogenannte Szene, um »die kleine linke Zeitung«, die taz also, um Hausbesetzer in Kreuzberg, um die Russenmafia, um Hütchenspieler und vietnamesische Schmuggler, das Ganze garniert mit einer mäßigen Prise Sex and Crime.

Zu den zufällig ähnlichen Personen gehören etwa die Senatoren und Senatorinnen, ihre Büroleiter, viele Journalisten, Bauminister Klaus Töpfer, der nun schon in Afrika schwitzt, und seine Vorgängerin Irmgard Adam-Schwaetzer, an die sich nur noch wenige erinnern. Frau Adam-Schwaetzer wird vorgestellt: »Auf dem Wochenmarkt traf er seine Bekannten und sogar seine Bauministerin, die dort mit ihrem Fernsehgatten spazieren ging.« Fernsehgatte – die Autorin schreckt vor keinem Klischee zurück. Frauen beurteilen Männer vor allem nach der Knackigkeit ihrer Hintern, eine Redensart, die seit einer unglückseligen Talkshow von Frauen gern nachgeplappert wird; dabei kommen sie sich unheimlich modern und frivol vor. Den Loriot-Satz »Weißt du eigentlich, daß Männer und Frauen nicht zueinander passen«, zitiert die Autorin, als wäre es ihr eigener.

Das Buch wurde vorgestellt von dem Senator für Stadtentwicklung, Peter Strieder, der vor allem die Frechheit des Buches rühmte, während der Zuschauer gerade dachte, daß ein Buch mit solchen Segenswünschen des Senats so arg frech gar nicht sein könne. Strieder nannte das Buch einen Roman dieser Generation, was Ältere vielleicht gar nicht so verstehen könnten, wobei er als Beispiel die Szene-Schilderungen hervorhob. Was für ein himmelschreiender Irrtum. Als hätten wir 1968 nicht auch billigen Rotwein getrunken und Nudeln gekocht. Als hätten wir nicht auch auf dem Wochenmarkt eingekauft in der festen Meinung, dort seien die Lebensmittel gesund, während sie in Wahrheit oft nur teurer und weniger frisch als im Supermarkt sind, von den herrlichen Obst- und Gemüseständen der Berliner Türken ganz zu schweigen. Als hätte es bei uns keine Wohngemeinschaften und keine Szene-Kneipen mit Schmalzstullen gegeben.

Zu ihren üblichen Gemeinplätzen fügt Eva Schweitzer noch die speziell berlinischen. Das macht das Buch schwer verdaulich. Da beklagt sich zum

Beispiel ein Redakteur der »kleinen linken Zeitung« darüber, daß die Ostberliner die Westberliner »Wessis« nennen, während diese das verachtende Wort für »Landeier aus Westdeutschland« reserviert glaubten. Den Ärger gönnt man den Westberlinern von Herzen. Die vom Prenzlauer Berg beweisen lediglich mehr Stil als die von Kreuzberg. Das steht nicht im Buch von Frau Schweitzer.

Weichen sie und alle weiteren Schlüsselromanautoren auf fiktive Handlungen aus, weil es aus der Realität nichts zu berichten gibt? Selbst wenn der Roman frech wäre – er ist es nicht –, die Wirklichkeit wäre spannender. Aber es besteht die Gefahr, daß die wirklichen Skandale durch solche Bücher verharmlost werden.

Goodbye to Berlin?

Daß die Ausstellung »Goodbye to Berlin? Hundert Jahre Schwulenbewegung« in der Akademie der Künste ausgerechnet am 17. Mai beginnt, ist ein schlechter Scherz, mit dem die Veranstalter sich und die Ausstellung desavouieren. Der 17. Mai nämlich, Ältere werden sich daran noch erinnern, war einst – vor der sogenannten Liberalisierung des Paragraphen 175, also vor dem 29. September 1969 – ein dummdreister Stammtisch-Witz: Man tuschelte am Stammtisch und kicherte wie die Backfische, dieser oder jener sei am 17. Mai geboren, was bedeutete, er sei schwul oder, wie es damals hieß, »ein warmer Bruder«, und damit war das Urteil über ihn gesprochen. Das Eröffnungsdatum für die Ausstellung, der 17. Mai, ist natürlich ironisch gemeint. Es versteht sich wie viele schrillen und überschrillen Äußerungen der Schwulen als eine trotzige Provokation; die Homosexuellen sind Meister darin, Diskriminierung und Spott in fast ehrende Bezeichnungen zu verwandeln. Selbst das amerikanische »gay« für schwul war zuerst ein Spottname. Und der Rosa Winkel, den die Homosexuellen in den Konzentrationslagern auf ihrer Häftlingskleidung tragen mußten, bezeichnete die niedrigste Klasse der Häftlinge, während gerade dieses Zeichen heute zum stolzesten Symbol der Homosexuellen geworden ist. Während alle anderen KZ-Häftlinge nach der Öffnung der Lager durch die Alliierten die Freiheit begrüßen durften, schlecht und recht Entschädigungen erhielten – was für ein frivoles Wort in diesem Zusammenhang –, hatten die Homosexuellen wenig Grund, sich zu freuen. Denn der fortbestehende unselige Paragraph 175 sorgte dafür, daß viele von ihnen sofort wieder ins Gefängnis mußten, und von einer Entschädigung ist bis heute keine Rede. Die Ausstellung balanciert auf einem schmalen Grat zwischen Geschichte, ernsten Problemen und schriller Gegenwart, und schon die Ankündigungen deuten an, daß die Veranstalter an manchen Stellen etwas zu plump vorgegangen sind.

Da ist zum Beispiel das Wort »Schwulenbewegung«. Auch dieses ein Ungetüm, das nicht unbedingt sympathisch wirkt. Mit Bewegungen hat man in Deutschland aus gutem Grund nicht gern zu tun. Tatsache ist es jedoch, daß am 15. Mai 1897 in Berlin die weltweit erste homosexuelle Selbstorganisation gegründet wurde. Der Sexualwissenschaftler Magnus Hirschfeld hat zweifellos seine historischen Verdienste. Seine wichtigste Arbeit war wohl die Begründung für die Streichung des Paragraphen 175, die von nahezu allen bekannten Schriftstellern der Weimarer Republik, allen voran von Thomas Mann unterzeichnet worden war. Die Gesetzesänderung hatte auch alle Chancen auf die Zustimmung des Parlaments, doch dann kamen die Nazis an die Macht, und der Paragraph wurde noch strenger ausgelegt. Das ist der eine Magnus Hirschfeld, der mit Recht als einer der Stammväter der Schwulen gilt. Der andere Magnus Hirschfeld jedoch ist der Verfasser recht dubioser Theorien, die heute reichlich abgestanden wirken, seine Ideen vom Dritten Geschlecht und von den »Urningen« etwa, über die man heute nur noch peinlich berührt spricht und die, wie immer man sie interpretiert, den Homosexuellen in ihrem Selbstverständnis und ihrem Selbstbewußtsein mehr schaden als nützen können.

Daß Deutschland und insbesondere Berlin führend war in der Emanzipation der Homosexuellen, galt nur bis zur Machtergreifung durch die Nazis. Die »Gay Liberation« in den Vereinigten Staaten hat diese Rolle längst übernommen. Während Deutschland sich zum Beispiel in der Aids-Frage ziemlich verdruckst verhielt – es dauerte lange, bis das Thema überhaupt öffentlich zur Sprache kam, und man erinnert sich mit Haarsträuben an einige Äußerungen Gauweilers von der CSU in Bayern –, wurde das Problem in den Vereinigten Staaten sofort erkannt. Die Berliner Ausstellung will dem Thema Homosexualität in der ganzen Welt nachgehen. Sie hat sich viel vorgenommen.

An der Ausstellung könnte man kritisieren, daß sie mit eintausendvierhundert Objekten fast zu groß geraten ist. Doch findet man zwischen einem Sammelsurium von Bildern, Titelblättern alter Zeitungen immer wieder überraschende Kostbarkeiten wie etwa die Fotos von Harry Graf Kessler im Atelier von Aristide Maillol bei der Arbeit mit Modell an seiner Skulptur »Radfahrer«, wobei der Betrachter darüber rätseln darf, ob Graf Kessler mehr an der Skulptur oder mehr an dem Modell interessiert war. Zum Interessantesten der Ausstellung gehören gewiß die privaten Fotoalben, reizvolle Knipsbildchen aus dem wahren Leben. Die Kunst der Schwulen wäre einen eigenen Essay wert: Wie es den Begriff »Gelsenkirchener Barock« gibt, müßte es als Gegenstück den Begriff »homosexuelles Biedermeier« geben. Dazwischen aber immer wieder große Kunst, David Hockney, Andy Warhol, Salomé, Mapplethorpe.

Eine Allee der an Aids Gestorbenen beschließt die Ausstellung. Ein Pflichtstück, denkt man vielleicht, aber die Allee ist von einer ernsten Naivität, wie man sie in diesem Zusammenhang noch nie gesehen hat. An dünnen Fäden hängen die Fotos der Toten, zwischen denen man hindurchgeht, während die Bilder leise hin- und herwehen. Erleuchtet wird die Szene von einem kalten Blau, das am Ende in ein sanftes Rosa übergeht, als sei es der einzige Trost, der bleibt.

Neben Köln und Frankfurt vielleicht gilt Berlin nach wie vor als eine Art Hauptstadt der Homosexuellen. Das war in den zwanziger und dreißiger Jahren nicht anders als heute. Über die Gründe läßt sich philosophieren. Daß Stadtluft frei macht, zählt bestimmt mit, die Anonymität, die die Millionenstadt gewährt, die aber dennoch Gemütlichkeit vermittelt. Man denkt an einen Satz, mit dem Ernst Jünger einst Jean Cocteau beschrieben hat: »Er scheint in einer sehr komfortabel eingerichteten, eigenen Hölle zu leben.« Ob die Berliner tatsächlich toleranter sind, weltoffener als die Bewohner kleinerer Städte, wie sie es gern von sich behaupten – angesichts der vielen Überfälle auf Schwulen-Bars oder der brutalen Schlägerjagden auf Schwule in Parks und Klappen muß man daran zweifeln. Fast alle Berliner lieben den Film »Cabaret« nach dem Buch »Goodbye to Berlin?« von Christopher Isherwood – daraus stammt der Titel der Ausstellung –, aber fast alle halten die homosexuelle Episode darin für etwas Nebensächliches. Das war es nun gerade nicht. Isherwood hat in seinen hinreißenden Erinnerungen »Christopher und die Seinen« beschrieben, warum er damals, 1929, nach Berlin gekommen sei, ausschließlich wegen der hübschen Knaben. Aber wer ist damals nicht alles wegen der Jungs nach Berlin gekommen? Die Intellektuellen aus ganz Europa versammelten sich hier, André Gide reiste regelmäßig nach Berlin wie viele Jahre später Foucault nach New York. Auch Genet war da.

Das ist heute nicht anders als damals. Das war vor der Wende so, und danach ist die Szene nur noch größer geworden; manchmal glaubt man, in Ostberlin seien die Schwulen sogar noch aktiver als in Westberlin. Genaue Zahlen gibt es nicht. Schwule bevölkern alle Cafés, alle Bars, man trifft sie beim Ballett und im Kino, bei der Vernissage und bei Lesungen und Vorträgen jeder Gattung. Sie sind die Unruhigen, die Ruhe nie als Bürgerpflicht verstanden haben. Gewiß sind die Homosexuellen nicht bessere Menschen, mit Sicherheit aber sind sie die aktiveren. Oscar Wilde erklärte ironisch seinen Richtern, er halte Homosexualität für sehr gesund; erstens sei man ständig unterwegs, und zweitens spiele sich fast alles an der frischen Luft ab. Curt Moreck berichtet in seinem »Führer durch das lasterhafte Berlin« von 1930 vom Besuch in einem Homosexuellen-Lokal und ist enttäuscht, daß alles so harmlos sei. Auch heute werden bestimmte Lokale gern von Touristen besucht »zum Schwulegucken«, wo dann ein paar Transvestiten frivole Liedchen singen und den Touristen den kribbeligen Eindruck vermitteln, sie hätten dem Laster ins Gesicht geblickt. Taxifahrer erklären Touristen gern mit hauptstädtischem Stolz: »Das Viertel um den Nollendorfplatz herum, das ist unser Schwulenviertel«, und sie genießen den Schock, den diese Ansage bei den Auswärtigen regelmässig auslöst.

Mit dem Wort vom Schwulenviertel haben sie recht und unrecht zugleich. Zwar findet man um den Nollendorfplatz herum die meisten Schwulenlokale, die Schwulen aber verteilen sich über die ganze Stadt, Ost und West, sie sind keineswegs auf ein Viertel festgelegt. Nur sind sie ständig unterwegs. Sie suchen, sie treffen sich, sie reden viel, sie sitzen in Caféhäusern und schreiben. Wenn es eine Gruppe in Berlin gibt, eine sogenannte Minderheit, die die Hauptstadt Berlin längst zu ihrer Sache gemacht hat, dann sind es die Schwulen. Mit ihrem stets wachen, auch abenteuerlichen Geist, der keinen Unterschied zwischen hoher und niedriger Kultur kennt, bewirken sie vermutlich mehr als viele offizielle Planer.

Trauer in der Revue und sonst gar nichts

Die überlangen Pausen, in denen nichts geschah – als sei den Tänzern, Clowns und Sängern zeitweise der Stoff ausgegangen –, waren die herausragenden Regie-Einfälle von Axel Polke. In der »Kleinen Revue« des Berliner Friedrichstadtpalastes hatte eine »Revue der zwanziger Jahre«, wie es hieß, Premiere. Es war zum Steinerweichen. Daß das Publikum, bis auf ein einsames, doch gellendes »buuh«, reichen Beifall spendete, hängt mit der besonderen Geisteslage des Berliner Publikums zusammen. Wenn der Schreiber dieser Zeilen früher die Künstler schwärmen hörte von dem guten, einzigartigen Berliner Publikum, dann hielt er das für eine Verbeugung vor dem besonders anspruchsvollen, welterfahrenen Großstadt-Publikum. Inzwischen weiß er, es verhält sich genau umgekehrt: Das Berliner Publikum schluckt kritiklos alles, was man ihm vorsetzt, und wenn es dann auch noch ein dünnes Witzchen über die sogenannte Provinz gibt, geraten die Berliner vollends aus dem Häuschen. Kein Wunder, daß die Künstler schwärmen.

Zwanziger Jahre, da könnte man doch glauben, das wäre etwas Berlinisches. Aber es war nur ein kümmerlicher Tingeltangel, der nicht einmal dessen verblichenen Charme besaß. Die Sängerin sah aus wie

Lilo Wanders, und sie sang auch so. Das Ballett, sechs Hupfdohlen, machte ein paar der üblichen Turnübungen. Die Spaßmacher stolperten über die Bühne, fielen, als Höhepunkt ihrer Komik, auf den Boden und stießen unartikulierte Laute aus. Die reichlich unlogische Geschichte, ein Zeittunnel ins Jahr 1927, wurde von schlecht sprechenden und schlecht agierenden Schauspielern gespielt, die wiederum vor allem über die Bühne stolperten. Das Hudson-Shad-Quintett, das als legitime Nachfolger der Comedian Harmonists gilt, sangen deren Lieder, nun ja, und erinnerten stark, von Berlinern sonst verachtet, an die Mainzer Hofsänger. Der Pianist schlich sich zu jedem Lied von hinten an den Flügel und war auch sofort nach jedem Lied wieder verschwunden. Das Publikum jubelte, nein so etwas. Um die Traurigkeit der Darbietung zu verstehen, muß man sich nur fragen, ob es ein Pariser Theater, einen Pariser Regisseur gibt, der es wagen würde, eine so kümmerliche Show auf die Bühne zu bringen.

Revue, das klingt so folgerichtig und hört sich so einfach an. Wie leicht eine Revue mißraten kann, wenn keine zündende Idee dahintersteht, kann man in der »Kleinen Revue« des Friedrichstadtpalastes erleben. Daß an einer Stelle der Name Heinrich Brüning genannt wurde, erhebt die Revue in den Augen des Regisseurs am Ende auch noch zu einer politischen. Vor einigen Wochen während der Festwochen gab es eine Revue über Gottfried Benn und Johannes R. Becher: Man zitiert ein wenig, macht ein paar Szenen aus den Zitaten, schon hat man wieder eine neue Revue. Revuen sind inzwischen zu einem Ausweis

der Einfallslosigkeit geworden. Die »Kleine Revue«
mit ihren zwanziger Jahren verschenkte ein Thema
und lieferte zugleich einen Tiefpunkt ihrer Gattung.

Nur hinsehen

Der Hundersiebenundachtziger Bus umfährt auf seinem Weg nach Marienfelde den Schöneberger Gasometer von allen Seiten, von vorne, von den Seiten,
von hinten. Immer wieder macht er den Versuch,
dem feinziselierten, gigantischen Eisenkorb nahe zu
kommen, doch immer wieder wird der Bus kurz vor
seinem Ziel abgelenkt durch ein rußgeschwärztes
Sträßchen mit uralten Plakaten an den Fassaden.
Man muß den Gasometer in jedem Licht sehen, am
Morgen in rotgrauem Dunst, am Mittag in gleißen-
der Sonne, am Abend als schwarze Silhouette vor einem golden glühenden Sonnenuntergang. Der Schöneberger Gasometer, der in Amtsdeutsch übrigens
»Gasbehälter« heißt, ist neben dem wesentlich
schlichteren Mariendorfer Gasometer der letzte von
einst achtunddreißig Gasometern in Berlin.

Die meisten waren von den Bomben im Zweiten
Weltkrieg total zerstört, und auch um den Bestand
des Schöneberger Gasometers mußte vor einigen
Jahren gekämpft werden, da er nach der allgemeinen
Umstellung auf Erdgas keine Funktion mehr hatte.
Das Argument der Gasometer-Freunde, das den Senat schließlich überzeugte, den Gasometer als Mu-
seumsstück zu erhalten, lautete: »Es handelt sich um
ein Denkmal der Technik.« Das ist gewiß so. Was

aber meist verheimlicht wird, als dürfe man in der Öffentlichkeit nicht darüber sprechen: Der Gasometer ist einfach schön. Ein Kunstwerk, ein riesiges Ready-Made von eigener Kraft, dessen künstlerische Herausforderung darin besteht, daß man es nur sehen muß. Wie Max Beckmann den Eisernen Steg in Frankfurt am Main als Kunstwerk erkannte, hat Lyonel Feiniger 1912 eben den Gasometer von Schöneberg gemalt, und damit man ihn nur ja erkennt, hat er ihn gleich zweimal ins Bild gerückt, einmal in glühendem Orange und einmal in Schwarz.

Früher hatte fast jede Stadt ihren eigenen Gasometer. Nur wenige sind davon noch geblieben. Wer Gasometer liebt, stand staunend davor, sah die Treppchen und Türmchen und Galerien, die feierlichen Bogengänge und wichtigtuerischen Verbindungen und wollte nicht glauben, daß diese Explosion gußeiserner Kunstfertigkeit eine industrielle Funktion haben sollte. Während des Zweiten Weltkriegs hatte man Angst vor ihnen. Man wollte auf keinen Fall in ihrer Nähe wohnen, und man mied sie, wenn immer es möglich war. Denn Bombenangriffe begannen meist über den Gasometern. Es war weniger die grosse Gas-Katastrophe, vor der alle sich fürchteten – diese hat es nur selten gegeben –, die Bomberpiloten wollten vor allem die Energieknotenpunkte treffen und damit die Industrie ausschalten. Sie trafen aber vorwiegend den Alltag, der ohne Gaslicht und Gasherd nur kümmerlich weiterbestehen konnte. Noch heute brennen in Berlin Nacht für Nacht über zweiundvierzigtausend Gaslaternen. Jede einzelne ist ein Denkmal der Technik.

Zwischen den Festtagen
im Kloster Chorin

An diesem eiskalten Wintertag von Berlin nach Chorin zu fahren, kann nur einem besessenen Spaziergänger in den Sinn kommen. Schon die Fahrt ist ein
Berliner Abenteuer, das durch die Höhen und Tiefen
der Geschichte führt. Die Reise in Richtung Stral-
sund, der Zug kommt aus Cottbus, beginnt im Bahnhof Lichtenberg, der Berlin mit Osteuropa verbindet.
Mit der S-Bahn in Lichtenberg anzukommen ist weniger trostlos als mit dem Taxi anzufahren. Lichtenberg ist nahezu unveränderte DDR-Vorstadt, obwohl
das Viertel gerade durch den betriebreichen Bahnhof
Anspruch auf den Status der Innenstadt hat. Aber es
ist so unglaublich öde und grau, daß es den Reisenden fröstelt. Fast bis zum Horizont reichen die ge-
sichtlosen Neubauzeilen, die heute verrufenen Plattenbauten der billigen Sorte – es gibt auch teure Plattenbauten –, die zur DDR-Zeit als Errungenschaft
galten. Die Bahnhofshalle mit ihrem falschen Reprä-
sentationspomp ist schmuddelig und schmierig, daß
es einer gewissen Kraft bedarf, in dem einzigen Steh-
café am Platze ein Brötchen zu kaufen. Man will nur
noch weg. Ganz anders sehen das viele der ankom-
menden und abfahrenden Reisenden aus Polen, Ungarn, Rumänien, Bulgarien, Rußland, die, wie man
ihren gespannten Gesichtern ansieht, ausgerechnet
in diesem Bahnhof den Westen entdecken und mit
leuchtenden Augen vor dem kümmerlich geschmück-
ten Weihnachtsbaum in der Halle stehen. Jeder sieht,
was er sehen will. Unser stromlinienförmiger Begriff

von Schönheit wird in Lichtenberg zum lächerlichen Klischee, daß man sich schämt und beherzt in sein trockenes Salamibrötchen beißt.

Schon bald nach Lichtenberg verläßt der Zug endgültig Berlin. Man erfährt, was man vorher nicht glauben wollte, daß auch diese Stadt mit ihren gewaltigen Dimensionen eine Grenze hat. Der Zug taucht ein in dichte Pappel- und Birkenwälder. Dazwischen Äcker, windzerzaust. Flache Landschaft mit fernen Hügeln. Einsame Wege führen zu einsamen Gehöften. Schneeplacken, die kein Muster geben. Warum ist auf dieser Seite Schnee, auf der anderen Seite nicht? Das Miniklima entzieht sich vernünftigen Gesetzen. Schon nach einer knappen Stunde hält der Zug in Chorin. Damit man den Ort nicht verpaßt, erklärt die freundliche Schaffnerin: »Jetzt kommt Chorin!« Der Bahnhof besteht aus zwei Geleisen und einem Bahnsteig mit einem Regenschutzhäuschen, das die mit ungelenker Hand geschriebene Aufschrift trägt: »Ausgang hier!«

Es gibt auch eine Hinweistafel für Wanderer mit einer Aufzählung von Sommerorten, darunter auch »Kloster Chorin«. Ich muß zuerst einmal durch den Ort wandern. Ich habe so einen Ort noch nie gesehen. Die Straßen bestehen aus ungewöhnlich großen, vom Fels abgeschlagenen Steinen. Die Häuser sind gepflegt und geputzt wie in westlichen Dörfern. Aber es ist absolut niemand da. Die Straßen sind leer: Ich habe in Chorin keinen Menschen getroffen. Sogar der Friseur hat, wie es im Schaufenster zu lesen ist, nur mittwochs und donnerstags seinen Laden geöffnet.

Die Häuser scheinen abgeschlossen und leer. Der

Spaziergänger bemüht sich fast, leise zu gehen. Er hat den Kragen seines Mantels hochgeschlagen. Er genießt die Wärme des Stoffes, die ihm vertraut erscheint. Aber eine seltsame Bedrückung treibt ihn voran: Ich bin kein Mensch für leere Dörfer. Lieber gehe ich mir aus dem Weg, als mir völlig ausgeliefert zu sein. Die Stille, die andere angeblich genießen, macht mich wahnsinnig. Ich beginne von einem überfüllten Café zu träumen, in dem man herrlich denken kann.

Wie die Hinweisschilder vorschreiben, bin ich auf dem Scheitelpunkt des Dorfes nach links abgebogen und gehe nun zwischen abgeernteten Gemüsefeldern und Obstplantagen leicht abwärts. Da überholt mich, ein Signal der Zivilisation, ein gelber Lieferwagen der Paketpost. Hundert Meter vor mir hält der Wagen, dreht und fährt zurück, langsam auf mich zu. »Können Sie mir sagen, wieviel Uhr wir haben?« sagt der kahlköpfige Fahrer. Ich sagte »halb zwölf«, doch um ihn noch nicht so schnell zu entlassen, frage nun ich, was ich in Wahrheit schon selber wußte: »Können Sie mir sagen, wie ich zum Kloster Chorin komme?« Er holt weit aus, sichtlich froh, auf seiner einsamen Strecke einen Menschen getroffen zu haben, und erklärt mir, daß ich unten kurz vor der Hauptstraße in die »Neue Klosterallee« nach rechts abbiegen soll, »Sie können es nicht verfehlen«, sagt er und fährt nun endgültig zurück, während ich überlege, was er hier eigentlich wollte, wo er doch offensichtlich nichts zu tun hatte. Er war ein Sendbote des Himmels, sage ich mir. Um Weihnachten herum kommt man auf die merkwürdigsten Gedanken.

Die »Neue Klosterallee« ist eher nach meinem Sinn. Zwar stören mich die bissigen Hunde, vor denen ausdrücklich gewarnt wird und die an den Innenseiten der Zäune herumlaufen, um die verlassenen Villen von Stadtmenschen zu bewachen – sie begleiten den Spaziergänger mit ihrem heiseren Gebell, bis dieser ihren Dunstkreis wieder verlassen hat –, aber man trifft hier auch andere Spaziergänger. Zwei gehbehinderte alte Damen. Ein Ehepaar – der Mann erklärt seiner gelangweilten Frau die Namen der Bäume. An der Allee liegt auch das Hotel Chorin, das hoffnungsvoll mit dem Schild »Heute geöffnet« einlädt und dessen Speisekarte ich mit Genuß studiert. Hier liegt auch die »Neue Klosterschenke«, die allerdings dunkel und geschlossen schien. Ich gehe am halb zugefrorenen Amtssee vorüber. Wie schön ist das Wasser, das über glasklares Eis sprudelt: Erstens macht es mir Durst, zweitens denke ich an den nächsten Frühling. Der Wald mit hohen Bäumen aller Arten ist hier von mächtigen gelbroten Sandsteinbrocken durchzogen. Dann endlich sah ich auf einer Anhöhe Kloster und Ruine Chorin und war sofort begeistert.

Soll man die klaren Formen dieses Gebäudes bewundern? Die Einzelheiten der Dekoration? Mir gefiel am besten die gelungene Komposition der Farben, die überbreiten roten Backsteine, das braune Winterlaub, die blauen Eiskristalle auf dem See und eine kalte Sonne aus einem milchweißen Himmel. Der allgegenwärtige Fontane beschreibt es so: »In dem Augenblick, wo wir den letzten Höhenzug passiert haben, steigt der prächtige Bau, den die Hügelwand bis dahin deckte, aus der Erde auf und steht nun so frei, so bis zur Sohle sichtbar vor uns wie eine korkgeschnitzte Kirche auf einer Tischplatte.« Das mag originell klingen, »deckt« aber auch, daß ihm offensichtlich die Wörter ausgegangen waren, so daß die Beschreibung des Zisterzienserklosters ihm allzu putzig geraten ist. Genau das aber ist das Gebäude an keiner Stelle. Groß und würdig ist die Kirche, die zu Recht als eine der schönsten und kunstgeschichtlich interessantesten Bauten der Backsteingotik gilt.

Die Kirche stammt aus dem 13. und 14. Jahrhundert. 1542 wird das Kloster säkularisiert, und von da an besteht auch schon eine gewisse Unklarheit über die Nutzung und Eigentumsverhältnisse, die bis heute anhält. Die stilistische Reinheit des Gebäudes mag da ihren Ursprung haben. So wurde es beispielsweise nicht umkämpft, nicht absichtsvoll zerstört, sondern es verfiel nach und nach zur Ruine. Heute wird viel gebaut und ausgebessert, auch das Dach zieht sich immer weiter über das Gebäude, so daß von Ruine am Ende gar nicht mehr gesprochen werden kann. Die Kirche gilt gleichermaßen als katholische wie auch als evangelische Kirche. Im Sommer finden im herrlichen Mittelschiff der Kirche Konzerte statt; der Raum scheint dafür geschaffen zu sein. Die Nebenräume, von der »Wärmstube« bis zum Speisesaal, besitzen die klostereigene Anziehungskraft, die stets Geheimnisse zu verbergen scheint.

Meine Mahlzeit im Hotel Chorin war etwas zu lang geraten – ich beobachtete das gruppendynamische Mit- und Nebeneinander in einer Gruppe von Tagungsteilnehmern. Ein paar Paare sonderten sich ab, ein paar einzelne spielten den Clown oder den Besserwisser. Es war zu spät geworden, um für den nächsten Zug nach Berlin noch rechtzeitig zum Bahnhof zu kommen. Taxis gibt es nicht. »Aber was wollen Sie mit einem Taxi? Unser Fahrer wird Sie fahren«, erklärte die Dame an der Rezeption. Die touristischen Service-Leistungen von Chorin sind eine Lust.

Unten am Bahnhof traf ich einen vielleicht sechzehnjährigen Jungen, dem in der bitteren Kälte die Nase lief. »Du wohnst also in Chorin?« fragte ich. Schon dieser gönnerhafte Ton, der mir sonst fremd ist, paßte ihm nicht. »Was wollen Sie? Es ist ein stilles Dorf«, sagte er. Er wohne gern hier, sagte er etwas verdrückt. »Und ist hier nicht die Welt zu Ende?« Es gebe ein »Konsum«; dort treffe man sich. »Um diese Zeit sind die meisten im Club.« Es gibt keine Schule. Wer etwas erleben wolle, müsse nach Britz oder nach Eberswalde. Eine auch auf den Zug wartende Frau, die dem Jungen beistehen wollte, sagte: »Andere Dörfer haben viel weniger.« »Ja, wahrhaftig, andere Dörfer haben viel weniger«, sagte der Junge heimatstolz und sah mich herausfordernd an. Der Schneeregen wurde dichter und kälter. »Ich wollte dich nicht beleidigen«, sagte ich, bevor der Zug kam. Er stieg ein und dachte wohl: Dem habe ich es gegeben.

In Berlin waren die Straßen spiegelglatt. Die Busse hatten ihren Betrieb eingestellt. Taxis waren nicht aufzutreiben. Man balancierte über das Eis, so gut und so schlecht es ging.

Fünfzig Jahre Komische Oper

Unter den vielen festlich gekleideten Menschen zur Matinee in der Komischen Oper zu Berlin war nur ein Pärchen zu entdecken, das, gekleidet in mausgraue Pullover und ebenso grauen Jogginghosen, die Idee des Opernvergnügens der Werktätigen hochhielt wie eine Standarte. Der rote Teppich im feierlichen Treppenhaus ist abgelaufen und verschlissen, als wären mehrere Revolutionen darüber hinwegmarschiert. Die Komische Oper Walter Felsensteins an der Behrensstraße, der erste Theaterneubau nach dem Zweiten Weltkrieg, feierte sein fünfzigjähriges Bestehen.

Immer wieder versuchten die Redner der morgendlichen Feierstunde eine Antwort auf die Frage zu geben, was denn nur das Besondere dieser Oper sei. Die Ergebnisse der Analyse waren zwar alle interessant, obwohl einige auch Anlaß zu langen Diskussionen gegeben hätten. Der Intendant Albert Kost fühlte sich im Sinne Walter Felsensteins zur »Suche nach der Wahrheit« verpflichtet. Kultursenator Radunski nannte das Theater eine »Volksoper«, in der Schwellenängste und Berührungsängste unbekannt seien. Dr. Rolf E. Breuer vom Förderkreis für die Komische Oper hob die »verständlichen« Interpretationen hervor. Frau Professor Limbach erklärte, auf die Frage, ob sie noch einen Koffer in Berlin habe, pflege sie zu antworten: »Nein, aber die Komische Oper«, und kam damit der Festansprache von Walter Jens am nächsten, der das »unschätzbare Gut«, das Walter Felsenstein den Avantgardisten in

seinem Bannkreis vermittelte, als »die Geborgen-
heit« bezeichnete.

Seltsamerweise stellte niemand die Frage nach dem
Haus, in dem 1947 unter nahezu unlösbaren Bedingungen ein neuer Anfang in der imitierten Bauweise
eines barocken Hoftheaters gewagt wurde. (Ein altes
Revue-, Varieté- und Operettentheater ist in dem
Neubau »umbaut« worden, bietet also die Basis für
das gleichsam historische Ambiente im Inneren.) Diese Karyatiden und die drallen bunten Engelchen sollten vermutlich die Vergangenheit fortsetzen, als gebe
es weder Gegenwart noch Zukunft, eine Art Ewigkeit
– bei keinem Theaterneubau im Westen wurde Ähnliches versucht. Obwohl sich das Haus längst vom pro-
blemlosen Operettentheater zur Oper mit zum Teil
avantgardistischem Anspruch geändert hat, ist die Ku-
lissenseligkeit erhalten geblieben. Daß das Haus auch
die Wende unangefochten überstanden hat – auch
heute gelobte der Senat wieder seine Erhaltung –,
schien in der lässigen und zugleich grenzenlosen Tole-
ranz Felsensteins von Anfang an angelegt zu sein.

Walter Jens hielt einen brillanten Festvortrag, ge-
mischt aus Erinnerungen und Forderungen an die
Gegenwart. Die Ansprache war vor allem eine große
Hommage à Walter Felsenstein, den Jens einen »Toll-
kühnen« nannte, der sich 1947 gleichermaßen um
den zu beschaffenden Knochenleim wie um die Zusammenstellung eines achtbaren Opernensembles
kümmerte. Felsenstein nannte sich zwar einen Sozia-
listen, aber mit dem Regime hatte er nicht viel im
Sinn. Er war ein Herr, der immer förmlich blieb, alle,
auch die Größten der Großen, auf Distanz hielt und

dem kaum einer zu widersprechen wagte. Noch auf der Festmatinee versprach sich einer der Redner, indem er Felsenstein »Walter von Felsenstein« nannte. Felsenstein stand für den Adel der Kunst. Nachdem ihn der Westberliner Kultursenator Tiburtius offiziell zu den Premieren im Schillertheater ausgeladen hatte, erklärte Felsenstein, wie Walter Jens erzählte: »Ich werde nicht versäumen, Herrn Barlog und die anderen Westberliner Theaterleiter weiterhin regelmäßig zu den Premieren der Komischen Oper einzuladen.«

Gesellschaftsspiele älterer Art

Der Ball ist Pflicht. Keiner der vielen Tausend, die von allen Seiten zum ADAC-Ball im Berliner Kongreß-Zentrum am Funkturm eilten, wäre auf den Gedanken gekommen, es stünde ihnen nun ein Vergnügen bevor. Lauter gesetzte Paare mit ernstem, zum Teil sogar verbissenem Gesicht strebten zu den Eingangen. Die meisten waren zwischen dreißig und sechzig Jahren oder älter, Jüngere waren Raritäten, Singles gab es gar keine, bis auf einen vielleicht, der mit mißmutigem Gesicht Saal, Bars, Foyers, Restaurants durchschritt, im Gedanken daran, was er heute nacht alles erleben könnte – anderswo. Was trieb die Menschen nur hierher? Ein Herr im grauen Smoking und roter Krawatte beklagte sich laut:, »Nicht einmal eine Damengabe gibt es!« Er bedauerte es, für den Ball zweihundertfünfzig Mark Eintritt für seine Frau und ihn bezahlt zu haben. »Was bekomme ich dafür? Es gibt kein kaltes Büfet, nichts.« »Du kannst die

Mode bewundern«, sagte seine Frau mit ironischem Schelmenblick, obwohl sie es ernst meinte.

Die zum Teil recht aufwendigen Garderoben der Ballbesucher waren in der Tat der erste bemerkenswerte Programmpunkt. In den sterilen, fast klinischen Garderobengängen dieses für Bälle recht ungeeigneten Saalbaus – der Besucher denkt immer, er befände sich auf einer Verkaufsmesse, und er rechnet jeden Augenblick damit, daß ihm bald einer eine Plastiktüte mit Prospekten in die Hand drücken wird – enthüllten sich vieljährige Schmetterlinge, die Biene Maja mit schwarzer Schleppe, Bonbonnieren in Glanzpapierverpackung, Kleiderpuppen in alter Seide mit langer Spitzenschleppe. Es besteht eine Tendenz zur Renaissance des Cul de Paris. Sehr fortschrittliche Damen trugen gar Kleider mit einem Ventre de Paris, in denen eine Art Scheinschwangerschaft eingeschneidert war. Die Ballbesucherinnen, insonderheit die älteren unter ihnen, offenbarten einen fatalen Hang zu Staatsroben, die optisch ein wenig nach Mottenpulver dufteten. Einige Herren trugen sogar einen Frack, ohne Orden allerdings. Es gab Smokings im Frankenfeldkaro und in Orchestergrün. Die meisten Herren trugen jedoch einen dunklen Anzug, wobei ein dem ADAC besonders verbundener Herrenausstatter vermutlich das Geschäft seines Lebens gemacht hat, indem er allen Ballbesuchern erzählt hatte, es sei in diesem Jahr besonders schick, ein vorgebundenes Krawättchen zu tragen, das aussieht, als habe man es unten abgeschnitten, damit einer rheinischen Sitte vom Altweiberkarneval folgend. Wie man überhaupt oft den Eindruck hat, daß die Berliner, die offiziell vom rheinischen Karneval nichts wissen wollen, in Wahrheit die rheinischen Städte um ihren Karneval beneiden.

Sie alle, dachte man, während man das Getriebe an der Garderobe beobachtete, sie alle sind mit dem Mercedes oder einem anderen Auto groß geworden. Wie sollten sie sonst auf den ADAC-Ball geraten sein? Werbung auf der Rückseite des Ballprogramms: »Jeder vierte Sack fährt Mercedes.« Man erinnerte sich des zerknautschten Babygesichts, das einst in der Fernsehwerbung beweisen sollte, wie ruhig, friedlich und sicher es in dem deutschen Staatsauto gefahren werde. Man traf unter den Ballbesuchern immer wieder auf das Gesicht.

Viele Literaten haben gern Bälle beschrieben, Tolstoi zum Beispiel, Hugo von Hofmannsthal, Lampedusa. Ihnen gefiel das tändelnde Spiel in abgezirkelter Ordnung, wobei allerdings, wenn der Ball literarisch gelingen sollte, die Ordnung an mindestens einer Stelle in Durcheinander geraten mußte. Heute jedoch gibt es weder das alte Spiel, noch gibt es die Ordnung. Die Zeit ist darüber hinweggegangen. Der Ball könnte nur bestehen, wenn seine Gesetze von allen Beteiligten anerkannt werden. Die Jüngeren aber wissen nicht einmal, wie ein Ball überhaupt funktioniert. Daß die Älteren an ihm hängen, kann nur mit Erinnerungen an ihre eigene Jugend zusammenhängen, als irgendwann nach dem Ersten Weltkrieg die Zeit der Bälle plötzlich zu Ende war. Heute sind die Bälle Inseln einer Tradition, die überhaupt nicht mehr besteht. Das beginnt schon mit dem konventionellen Zwang zur Paarbildung und endet mit dem leicht angestaubten Programm, von dem die Funktionäre zu behaupten pflegen, es sei »Weltspitzenklasse«.

Das Programm des ADAC-Balls begann mit einem Schautanzen der Standardtänze wie Quickstep, Wiener Walzer oder Slowfox. Das deutsche Meisterpaar Heitmann und Heitmann aus Neu-Isenburg tanzte neben einem englischen und einem italienischen Paar mit verzückten Augen in den Himmel voller Seligkeit. Ach, Neu-Isenburg. Die Schlußposen waren immer die schönsten. Die Damen, ein bißchen aufgeputzt wie die Zirkuspferde, nahmen den Beifall entgegen wie Anna Pawlowa als in Schönheit sterbender Schwan. Die Orchester von Hugo Strasser und Andre Cyriel, altgediente Tanzsaalrösser, spielten dem Saal und dem Publikum angemessen, während Chico and the Gypsies ihre abgestandenen Oldies für die meisten älteren Herrschaften im Saal viel zu laut vortrugen. Immer wieder wurde gerufen: »Leiser!« »Das ist eine Provokation«, brüllte ein Herr mit hochrotem Gesicht, »diese Lautstärke! Dafür habe ich keine hundertfünfundzwanzig Mark bezahlt!« Da Chico and the Gypsies ihn nicht verstanden, sondern seine Rufe für Beifall hielten, spielten sie nun noch lauter, was den lautempfindlichen Herrn völlig erschlug. Nina Corti tanzte zu den spanischen Schlagerliedern etwas Neu-Flamencoartiges. Aber es blieb bei ein paar kümmerlichen Versuchen. Sie lieferte eine schwache Nummer ab.

Der ADAC-Vorsitzende sagte bei seiner offiziellen Eröffnung, dies sei mit achttausend Besuchern der größte Ball Deutschlands, was der einzige Witz des

Abends blieb. Denn diese achttausend Besucher kommen nur zusammen, wenn man zwei Ballabende zusammenrechnet. Der Vorsitzende bat die »kritischen ADAC-Mitglieder« – als handle es sich dabei um den SPD-Ortsverband Südhessen –, alle Ehrengäste mit freundlichem Beifall zu begrüßen. An erster Stelle wurde Bundeswohnungsbauminister Klaus Töpfer, der Umzugsminister, genannt, der zur Zeit wie der Prinz mit dem Funkenmariechen durch die Berliner Bälle tanzt. Der angekündigte Bundespräsident Herzog, der erst eine Woche vorher an gleicher Stelle den Bundespresseball eröffnet hatte, war lieber zu Hause geblieben. Er kam erst am zweiten Abend.

Statt des angemahnten Gratis-Büfetts gab es eine lange Selbstbedienungstheke, an der man allerdings jedes Brötchen extra bezahlen mußte – wie einst an Frühstückbüfetts in osteuropäischen Ferienhotels. »Das Essen reißt mich nicht vom Stuhl«, sagte ein grauhaariger, gehbehinderter Herr zu seiner Frau. Als habe ein Essen in Berlin ihn je vom Stuhl gerissen. Oder wenn vielleicht doch, wo hat der arme Mann nur seine Eßerfahrungen gemacht? Über die Austerntheke des KaDeWe ist ein großes Berliner Essen selten gekommen.

Gegen Mitternacht endete das Programm des Balls. Jetzt hätten Tanz und Spiel beginnen können. Aber in den Garderobengängen herrschte schon wieder Hochbetrieb der Nach-Hause-Strebenden. Die meisten zog es vom Ball vor den Fernsehapparat.

Kunstliebhaber auf Raubzug

Der Bilderraub von Potsdam hat mit einem aufse-
henerregenden Prozeß sein Ende gefunden. Es ging
um den Diebstahl des weltberühmten Gemäldes
»Ansicht eines Hafens« von Caspar David Friedrich
aus dem Potsdamer Schloß Charlottenhof sowie um
den Diebstahl mehrerer anderer, wenig bekannter
Bilder und Kunstgegenstände. Die beiden geständi-
gen Diebe, der vierundzwanzigjährige Felix und der
fünf-undzwanzigjährige Sebastian, wurden zu drei
Jahren und drei Monaten beziehungsweise zu drei
Jahren Gefängnis verurteilt; seit acht Monaten befinden sie sich bereits in Untersuchungshaft. Der Raub
des Caspar-David-Friedrich-Bildes war im Dezem-
ber 1996 eine in der Kunstwelt erschütternde Mel-
dung. Der Wert des Bildes wird auf fünf bis acht Millionen Mark geschätzt. In Wirklichkeit ist es in Geld
weder zu schätzen, noch ist es zu verkaufen, wie der
Fall zeigt. Vor der Aufklärung des Diebstahls entwickelte sich jedoch eine bis heute rätselhafte Verbindung zur einstigen Stasi und zu der »Kommerziellen
Koordinierung« (KoKo), die eine eigene Abteilung
für Kunstaufkäufe unterhielt. Bemerkenswert an
dem Prozeß waren aber auch die beiden Angeklag-
ten, die zwar von unterschiedlichem, fast entgegenge-
setztem Charakter sind, in einer Ausschaltung jedes
Nachdenkens über ihr Handeln jedoch gestohlen haben wie die Raben.

Sebastian, zuletzt Architekturstudent – mit träu-
merischem Blick und stets erstauntem Unverständnis
über das Prozeß-Getriebe um ihn herum – hielt bis

zum Schluß den Anspruch aufrecht, er habe lediglich für seine eigene Sammlung gestohlen. Die enthusiastische, in seinem Fall gar manische Kunstliebe habe er in seinem Elternhaus gelernt. Felix, der kaum einen zusammenhängenden Satz formulieren konnte, stahl handfester. So wollte er zum Beispiel das Abitur »nachholen«, was in seiner Sprache nur Diebstahl bedeuten kann: In Potsdamer Schulen und Ämtern klaute er die notwendigen Dienstsiegel.

Die beiden ungleichen Freunde hatten sich einst bei einer Schreinerlehre in Potsdam kennengelernt.

Der kurioseste Diebstahl der beiden war der Raub einer schweren Goethe-Büste aus dem Hotel Elephant in Weimar. Wie die beiden in das Hotel gekommen sind, ist allein schon eine denkwürdige Geschichte. Der Potsdamer Richter fragte erstaunt: »Und das ist üblich heutzutage, daß Studenten im Hotel Elephant wohnen?« Die beiden sahen jedenfalls die Büste auf einem Treppenpfosten und beschlossen spontan: »Die nehmen wir mit.« Die Marmorbüste wurde abmontiert, eine Tasche wurde für den Transport besorgt – am nächsten Morgen befand sich die Büste im Auto Sebastians. Bei der Büste handelt es sich um die Kopie der lebensgroßen Büste von Christian Daniel Rauch von 1821, deren Original, ein Bronzeguß, sich im Museum von Leipzig befindet. Die Kopie trägt auf der Rückseite eine Widmung des NS-Reichsjugendführers Baldur von Schirach an den Führer Adolf Hitler, was zu der Frage führt, ob die Widmung die Büste wertvoller oder weniger wertvoll mache. Überhaupt wurde im Prozeß über den Wert gestritten. Während in den Worten eines Hoteldirektors, der hier als Kunstsachverständiger auftrat, der Preis der Büste immer höher stieg, bewertete Hans Christian Ströbele, der Verteidiger Sebastians, die Büste immer niedriger und versuchte, den Diebstahl als einen Dumme-Jungen-Streich darzustellen.

Gemälde und Skulpturen unbekannten Wertes haben die beiden auch in einer Potsdamer Kaserne und in mehreren Villen gestohlen. Später gingen sie dazu über, Computer und Drucker in einem Rechtsanwaltsbüro zu stehlen. Die Theorie von dem weltfremden Kunstsammler Sebastian, die sich am Ende sogar das Gericht zu eigen machte, kam arg ins Wanken.

Einen ganzen Tag lang beschäftigte man sich im Prozeß vor der Großen Kammer des Landgerichts mit dem Diebstahl von zwölf Gemälden aus einer Ausstellung mit Werken von Egon von Kameke (1881 bis 1955). Ursprünglich waren die beiden nur wegen des Buffets zur Eröffnung der Ausstellung in die Villa gegangen. Doch dann befand Kunstliebhaber Sebastian: »Das will ich haben.« Ein paar Nächte später brach man in die Villa ein. Es war fast lächerlich einfach. Die Alarmanlagen waren lediglich Attrappen. Die beiden griffen, was sie tragen konnten. Ein Bild, das nicht aufgefunden wurde, soll angeblich im Gebüsch stehengeblieben sein, weil das Auto zu voll war. Egon von Kameke, der allenfalls als Potsdamer Kleinmeister bezeichnet werden kann, hatte das Interesse der beiden erregt, nachdem sie die im Katalog geschönten und hochfrisierten Preise gelesen hatten. Gegen die Familie von Kameke, die zunächst die gesamte Ausstellung für eine Million Mark versichern lassen wollte, später jedoch, nachdem die erste Versicherung abgelehnt hatte, nur einzelne Bilder für dreißig- bis sechzigtausend Mark versichern ließ, wurde lange wegen versuchten Versicherungsbetrugs ermittelt. Nach den Informationen des Rechtsanwalts Ströbele soll in einem Berliner Auktionshaus kürzlich ein Kameke-Bild für etwa tausend Mark angeboten worden sein. Es fand aber auch zu diesem niedrigen Preis keinen Käufer.

Höhepunkt des Prozesses waren aber zweifellos die Aussagen der einstigen Stasi-Leute. Zuerst trat eine Reihe von Zeugen mit Rechtsanwalt auf, die alle die Aussagen verweigerten, weil die Gefahr zu groß sei, sich selbst zu belasten. Zu Axel Hilpert, früher KoKo, soll Anfang dieses Jahres der Potsdamer Polizeidirektor Peter Schultheiss gekommen sein und ihn gefragt haben, ob er etwas über den Verbleib des Caspar-David-Friedrich-Bildes wisse. Hilpert, behäbig und beleibt geworden in den Jahren nach der Wende, schilderte das so, als sei es das Selbstverständlichste von der Welt, von der Polizei nach dem Verbleib dieses oder jenes Bildes befragt zu werden. Doch siehe da, er wußte etwas über den Verbleib. Er traf sich mit dem einstigen Stasi-Offizier Hans-Otto Teschner im Berliner Café am Hagenplatz und erfuhr, daß der Bilderdieb Felix mit diesem über einige Ecken Verbindung aufgenommen habe. Das Bild solle wer-weiß-wohin transportiert werden. Das Café am Hagenplatz scheint in Berliner Hehlerkreisen eine gewichtige Rolle zu spielen.

Der Auftritt von Hans-Otto Teschner mit böse um sich blickendem, braunhäutigem Bodyguard war bühnenreif. Teschner erklärte, daß er zu der Geschichte nicht viel sagen könne, weil er zu dieser Zeit bereits mit der Wiederbeschaffung des »Bernsteinzimmers« beschäftigt gewesen sei. Gewiß, das »Bernsteinzimmer«, man hätte sich fast gewundert, wenn nicht auch dieses noch in dem Prozess aufgetaucht wäre, und man sieht, womit sich die einstigen Stasi-Leute wirklich beschäftigen, in edler Absicht natürlich. Das Caspar-David-Friedrich-Gemälde habe er jedenfalls wegen des »Bernsteinzimmers« mit Diskretion behandelt, was immer das heißen mochte. Richtig ist, daß er tatsächlich die Polizei informierte, allerdings nicht sofort, sondern nach einer angemessenen Wartezeit, was zu denken gibt. Er, gegen den ein Verfahren wegen Hehlerei läuft, sollte von der Schlösserverwaltung Potsdam die ausgesetzten fünfzigtausend Mark für die Wiederbeschaffung des Bildes kassieren. Ob er das Geld tatsächlich bekommen hat oder ob das Geld, nach anderer Lesart, einbehalten wurde, blieb ungeklärt. Die Hauptfrage, ob die beiden Bilderdiebe Hintermänner hatten, in deren Auftrag sie handelten, wurde gar nicht mehr gestellt. Man hielt sie für so naiv, daß man ihnen die »Zufälligkeit« ihres Raubs glaubte.

Kunstsammler Sebastian wurde nach der ersten Berührung mit der Polizei von Reue gepackt und gab alle Diebstähle zu, auch solche, nach denen die Polizei gar nicht gefragt hatte. Er und Felix räumten die Bettkästen, in denen die Bilder lagen. Die rechtmäßigen Besitzer haben alle ihre Bilder und Kunstgegenstände zurückbekommen. Ermittlungen wegen Versicherungsbetruges wurden eingestellt. Die Bilder waren in tadellosem Zustand. »Ansicht eines Hafens«

von Caspar David Friedrich hängt heute im Berliner Charlottenburger Schloß, wo es wohl besser bewacht wird als in Potsdam. Die mangelnden Sicherheitsvorkehrungen, daß man es den Dieben so einfach gemacht hatte, wurden von den Verteidigern als strafmildernd bewertet, worüber sich rechtsphilosophisch streiten läßt.

Die Staatsanwältin hatte für die beiden Diebe vier Jahre und mehr beantragt. Das Urteil ist relativ milde ausgefallen. Der Prozeß bewies immerhin: Allzu große Kunstliebe kann süchtig machen, allzu große Naivität auch.

Kein Platz für Urbaniten

Nach den Denkmals- und Museums-Diskussionen, die alle noch weiter schwelen, sind die Foren über die künftige Stadtentwicklung die jüngste intellektuelle Mode in Berlin. Im Deutschen Architektur-Zentrum an der Köpenicker Straße – eine umgewandelte Fabrikhalle übrigens, rundherum von Wohnblocks der häßlichsten Art umgeben – traf sich jetzt vor großem Publikum eine Runde, die über das Thema »Die neuen Urbaniten. Döblin, Kracauer und was dann?« diskutieren wollten. Das fremd klingende Wort »Urbaniten«, das an Termiten oder an gefräßige Viren erinnert, stammt aus der amerikanischen Soziologensprache und bedeutet »der neue Stadtbürger«, der in der Innenstadt wohnt, der bewußt und gern in der Innenstand wohnt und der selbst bezahlt, also nicht etwa in einer Sozialwohnung lebt. Mit leichten Variationen ist der Urbanit der älter gewordene Yuppie, der fast schon wieder in Vergessenheit geraten ist, was die Relativität all dieser Begriffe augenfällig beweist.

Am Anfang der Veranstaltung gaben die Referenten feierliche Statements ab. Man überbot sich in soziologisch-philosophischen Reden und Zitaten, was nur deshalb erwähnenswert ist, weil später, als es konkret um die Sache ging, vom Urbaniten keine Rede mehr war. Als Zuhörer dachte man an Erich Kästners schönes Reise-Gedicht: »Es begann so fürstlich / und endet blut- und leberwürstlich«. Im Mittelpunkt der Veranstaltung stand die Statistik. Die Zahlen des Senats und des Prognos-Instituts unterschieden sich nur um Nuancen. Anders war es dagegen mit den Zahlen von Professor Hartmut Häußermann. Über die Zahlen hätte man sich vielleicht noch einigen können, Häußermann interpretierte sie jedoch völlig anders, was merkwürdigerweise niemandem aufzufallen schien. Während der Senatsvertreter und der von Prognos zum Beispiel den Bezirken Charlottenburg, Mitte und Prenzlau Wanderungsgewinne zusprachen, zumindest bei der Binnenwanderung, behauptete Häußermann, daß besserverdienende Familien mit Kindern in ebendiesen Bezirken am ehesten dazu neigen, ins grüne Umland abzuwandern.

Die armen Abwanderer ins Grüne kamen bei der Veranstaltung nicht gut weg. Man nannte sie despektierlich die »Wüstenrot-Bürger« oder auch: »Nur Spießer ziehen ins Grüne«. Man konnte gar nicht genug abfällige Äußerungen für sie finden, bis ein Stu-

162

dent plötzlich fragte: »Warum will man die Familien denn unbedingt in der Innenstadt halten?«, was auf dem Podium eine gewisse Verwirrung hervorrief. Man einigte sich schließlich auf die Antwort: Weil in der Innenstadt bereits alle Strukturen vorhanden seien, die im Grünen erst gebaut werden müßten. Die Bewegung ins Grüne, mit der sich die Berliner nur schwer abfinden können, kommt in Berlin mit Verspätung, weil man vor dem Mauerfall gar nicht ins Grüne abwandern konnte. In westdeutschen Städten ziehen inzwischen wieder viele Grünbewegte reumütig in die Stadt zurück.

Mit der Abnahme der Arbeitsplätze in der Stadt sei die Stadt im Grunde überflüssig geworden, hatte am Anfang der Publizist Gerwin Zohlen befunden: »Wir brauchen die Stadt nicht mehr.« Es war Professor Häußermann, der später richtigstellte: »Wir brauchen die Stadt, um das Leben zwischen den Angehörigen verschiedener Kulturen erst zu ermöglichen.« Daß wir die Stadt auch als Kultur-, Geschäfts-, Verwaltungs- und Vergnügungszentrum brauchen, sei nur nebenbei erwähnt. Häußermann hatte von den verschiedenen Kulturen gesprochen, um sich gegen heftige Vorwürfe der Ausländerfeindlichkeit zu wehren. Richtig ist, daß die Statistiker die Zuwanderung von Ausländern stets, mal lauter, mal leiser, mit negativem Vorzeichen – als wohnumfeldschädigend – versehen. Das wurde schließlich das eigentliche Thema der Diskussion. Obwohl es am Anfang geheißen hatte, heute sollten alle Theorien von konkreten Zahlen untermauert werden, zerfaserte das Gespräch am Ende in Gerüchte und Vermutungen. Es war kaum mehr als

Stammtischgerede. Da war von den Russisch sprechenden Verkäuferinnen in den Nobelboutiquen an
der Fasanenstraße die Rede oder auch von den hundert ausländischen Botschaften, die demnächst nach
Berlin zögen, aber auch von der »Überfremdung«
durch Türken und Polen. Als der Statistiker des Senats unglückseligerweise dann auch noch davon
sprach, daß die Zuwanderer aus Westdeutschland für
Berlin »interessanter« seien als die Zuwanderer aus
der ehemaligen DDR, hatte er es gründlich mit allen
verdorben.

Die wenigen Urbaniten im Saal packten ihr Ak-
tenköfferchen und gingen.

Aus dem Tagebuch IV

Merkwürdigerweise gibt es in Berlin nur wenige
Obststände mitten in der Stadt. Das ist in Frankfurt,
München oder Köln anders. Dafür gibt es in Berlin
allerdings die phantastischen türkischen Obst- und
Gemüseläden, die man nur mit Marktständen in Paris vergleichen kann. Man sieht es dem Obst und
dem Gemüse an, daß es ein Kenner ausgesucht hat.
Der Ladenbesitzer, meist ein gesetzter, kleiner Levan-
tiner mit Schnauzbart und blauer Gärtnerschürze,
berät seine Kunden, und der Käufer eines Apfels oder
einer Banane wird ebenso freundlich bedient wie die
Hausfrau, die für eine große Familie einkauft. Besonders interessant ist es, in diesen Läden Schafskäse zu
kaufen. Man erfährt zum erstenmal, was für Welten
den griechischen Schafskäse vom bulgarischen tren-

nen, von dem alle übertreffenden türkischen Schafskäse ganz zu schweigen. Weiß der Himmel, wie er
daran gekommen ist, »mein« Türke hatte kürzlich
sogar algerischen, tunesischen und marokkanischen
Schafskäse in seiner Kollektion. Der algerische
schmeckte mir etwas zu streng, der tunesische kam
dem türkischen gleich, was ich aber verschwieg, und
der marokkanische war mir zu salzig. Ich blieb bei
dem bulgarischen. Der türkische Patron empfahl mir
dazu rote Zwiebel aus dem Libanon und breitblättri-
ge Petersilie aus Italien. Das Bund Petersilie schenkte
er mir fürs Wiederkommen.

*

Die Berliner Taxifahrer sind für ihre »Aufgeweckt-
heit« bekannt. Manchmal sind sie mir zu aufgeweckt.
Immer wieder verwickeln sie mich in Gespräche, wo-
her ich denn komme und was ich in Berlin wolle. Einmal sagte ich: »Berlin ist mein Alterssitz.« Das wollte
der Fahrer nicht glauben. Unter Alterssitz stellte er
sich eher etwas vor wie Baden-Baden, Bad Wöris-
hofen oder so. Dann kam unausweichlich die Frage,
die ich inzwischen fürchte wie der Teufel das Weih-
wasser: »Arbeiten Sie noch?« Als wären die Fahrer be-
sessen von dieser Frage, höre ich sie immer wieder:
»Arbeiten Sie noch?« Wie alt muß ich aussehen. Wie
alt muß ich ihnen vorkommen. Inzwischen habe ich
mich sogar an diese Frage gewöhnt. »Nun ja«, sage ich
im Taxi, mehr für mich als für den Fahrer, »ich arbei-
te noch. Ich bin mit Berlin alt geworden.«

Inhaltsverzeichnis